10
18

12, AVENUE D'ITALIE. PARIS XIIIe

Sur l'auteur

Né en 1931, Don Carpenter a passé ses premières années en Californie. Le succès de son premier roman, *Sale temps pour les braves*, publié en 1966, a connu un énorme succès public et critique et l'installe dans le paysage littéraire américain. Il travaille pendant douze ans comme scénariste pour Hollywood, et fera de cette expérience la matière de plusieurs de ses livres. En trente ans, il publiera une dizaine de romans et de recueils de nouvelles. Il met fin à ses jours en 1995.

DON CARPENTER

DEUX COMÉDIENS

Traduit de l'anglais (États-Unis)
par Céline Leroy

10
18

ÉDITIONS CAMBOURAKIS

Du même auteur
aux Éditions 10/18

SALE TEMPS POUR LES BRAVES, n° 4655
LA PROMO 49, n° 4868

Titre original :
A Couple of Comedians

ISBN 978-2-264-06526-1

Je vis sur une montagne. Mon ranch est niché deux crêtes sous le sommet, au nord du Jack London State Park. Une centaine d'hectares de manzanita, d'arbousiers d'Amérique, de chênes, quelques centimètres à peine d'une roche rouge et blanche opalisée qui affleure à la surface, le tout agrippé au contrefort et bon à rien sinon à être contemplé.

En plus de posséder un tas de fenêtres, la maison en vieux séquoia a trois de ses côtés enveloppés par une grande véranda qui donne sur la vallée et à l'est, sur une chaîne de petites montagnes. À deux pas de la véranda orientée au sud, une ancienne piscine à l'abandon déborde de plantes, de larves de moustiques et de grenouilles. Il y en a une autre en amont, plus récente et à l'écart de la maison. Quand on barbote dedans, on voit la Vallée de la Lune.

La propriété avait appartenu à un scénariste atteint de phallocratite aiguë, qui l'avait achetée à la famille de sa femme même si à l'époque, il n'en savait rien. Je leur rendais souvent visite du temps où je vivais à San Francisco. Le scénariste en question était un type moche et maigre, mais sympa, qui avait grandi dans des foyers d'accueil aux quatre coins de l'État. Il dormait toujours avec une mitraillette Thompson à portée de main parce que le ranch est plutôt isolé, mais la seule fois où il s'en est servi, à ce qu'il m'a raconté en tout cas, c'était une nuit où ça avait copieusement picolé, fumé et déblatéré au sujet des hordes de tarés à cheveux longs qui vivaient dans les collines, et mon pote scénariste, une fois couché un peu avant l'aube, des petites bulles bleues lui éclatant devant les yeux, sa femme à ses côtés, leurs cinq ou six mômes endormis un peu partout dans la maison, plus un ou deux spécimens hollywoodiens aussi défoncés que bourrés avec Dieu sait quelles manies nocturnes en train de pioncer sur la véranda, a entendu des bruits bizarres en provenance des arbres. Après avoir tendu l'oreille assez longtemps pour se foutre la trouille de sa vie, il s'est levé et a emporté sa Thompson jusqu'au patio à l'arrière de la maison. Les bruits se sont à nouveau fait entendre, venant plus ou moins du chemin qui serpentait entre les arbres vers la piscine, et sans penser à vérifier où étaient ses invités ou qui que ce soit d'autre, il a balancé une salve dans la nuit, offrant au chat de sa femme un aller direct au paradis des chats, et ce avec une précision de tir à n'en pas croire ses yeux. Je crois qu'il racontait toujours son histoire non pas pour montrer combien le coin est flippant la nuit, ni pour démontrer qu'il faut être prudent quand on a une arme automatique chargée près de son lit, mais pour cette précision de tir. « Exactement comme pointer du doigt », m'a-t-il dit.

Ses problèmes conjugaux l'ont obligé à revendre le ranch à sa belle-famille qui l'a loué à une psychiatre, mais elle s'est acoquinée avec de vrais dingos désurbanisés qui ont pissé dans l'étang des grenouilles, planté des clous dans toutes les surfaces boisées qu'ils croisaient, jeté des animaux morts et des bris de verre dans la piscine et mis le feu au reste. Heureusement, il pleuvait ce jour-là et la maison a pu être sauvée. Je l'ai rachetée une bouchée de pain à l'ex-oncle par alliance du scénariste.

C'est un endroit agréable, même l'hiver quand il pleut beaucoup. Il n'y a pas la télévision et la radio ne capte quasiment rien à part la station qui ne diffuse que des programmes religieux ou de la musique country. Les événements se font plutôt rares. Le garage est plein de vieux magazines et de livres avec des titres comme *Le raid du colonel Effingham, Rouge plage* ou *Œuvres complètes de Will James*, donc j'ai largement de quoi lire sans même descendre au magasin général dans la vallée qui, par ailleurs, a deux étagères de livres de poche et trois de bandes dessinées.

Après un cycle météorologique complet, les choses reviennent à la normale. Pour ce qui en reste, le potager aux allées proprettes devant la maison, qui avait été la fierté et la passion de l'épouse du scénariste, part à vau-l'eau ; les ratons laveurs débarquent toutes les nuits par familles entières pour évaluer la situation et faire la razzia sur les poubelles ; et il y a aussi toute une faune, chevreuils, lynx, serpents, et puis des veuves noires sous la maison, des scorpions dans la douche, des tarentules grosses comme votre main, des bandes de coyotes indistincts qui ne se montrent jamais tout à fait à découvert ; des éphémères, des libellules, des taons, des drosophiles et autres mouches ordinaires ; et bien sûr, perdus dans les collines, il y a de vrais bouilleurs qui concoctent leurs crus clandestins de vin et de bière histoire, d'après ce qu'ils me racontent, de ne pas oublier les recettes en cas de nouvelle vague de prohibition.

Mais dans l'ensemble, le coin est tranquille, très tranquille, et quand une brume légère tombe sur la vallée ou que des nuages chargés de pluie pèsent sur tout, c'est à croire que vous êtes le seul être humain sur terre. Ce qui, des fois, me convient parfaitement.

L'arrivée du printemps sur Sonoma Mountain s'accompagne de dix milliards d'insectes. Les oiseaux affluent et les grenouilles jaillissent de la boue par milliers, les lézards, les geckos léopards, les serpents rampent et ondulent entre les rochers, par les nuits chaudes vous sentez l'odeur douce et légèrement acide des mouffettes romantiques, et les chevreuils qui cassent des brindilles en avançant dans les sous-bois font un tel boucan qu'on se demande pourquoi les arbres ne sont pas criblés d'impacts de balles.

En contrebas de la maison, un vieux verger de pommiers abandonné, bordé de quelques cerisiers et de poiriers sur les hauteurs, fleurit d'un coup, les pommiers blancs, les autres d'un rose doux à pleurer, et bientôt l'air se remplit de leur parfum, la nuit résonne de grenouilles coassantes, les messagers encombrent la route de la montagne avec leurs télégrammes, et il faut que je retourne travailler à Hollywood.

Cela fait quelque temps que, tous les ans, je me dis que je vais arrêter, laisser tomber la comédie, rester dans ma montagne et achever la lecture des œuvres de Will James, ou bien redonner des couleurs au potager – quelques plates-bandes de maïs, rien ne vaut le maïs frais, des petits pois, mmmm, des haricots verts, des plates-bandes de betteraves et de carottes, les ramasser quand elles sont encore bébés et les noyer dans du beurre, miam, et peut-être que quelques plants d'artichauts pourraient revenir à la vie (une douzaine prospérait sur la propriété, mais une année, le scénariste atteint de phallocratite avait importé un couple de Mexicains pour s'occuper du jardin jusqu'au jour où le mari, transpirant sous le soleil brûlant de l'été, les avait achevés à coups de serpette avant que le scénariste ne retrouve le vocabulaire espagnol pour lui dire d'arrêter), je pourrais labourer la terre du verger, y ériger une clôture, après quoi je réfléchirais aux chevreuils, aux lapins, aux écureuils, aux insectes et aux oiseaux qui mangent tout ce qui n'est pas gardé sous clé, et les messagers seraient emportés sous les coulées de boue et là, j'aurais le choix entre la fuite vers Hollywood ou le déclenchement d'une guerre biochimique contre l'ensemble du règne animal, William Morris inclus.

À cette époque de l'année, au milieu du printemps, ma famille prend possession des chambres d'amis et de la cuisine, les Buick, les Toyota et les pick-up blancs Chevrolet colonisent l'allée de gravier devant la maison, et tout le monde m'adresse des *tsss* parce que je pars juste au moment où le beau temps et le reste font leur apparition, mais le jour fatidique finit toujours par arriver. Six heures du matin. Il n'y a pas d'autre heure pour quitter cet endroit.

Les oiseaux se mettent à chanter et mon papy prépare des pancakes aux flocons d'avoine dans la cuisine. Il fait un froid de gueux sauf dans la cuisine. J'essaye de sortir de la maison avec une simple tasse de café, mais papy refuse de me dire au revoir si je ne m'envoie pas une pile de ses pancakes et que je ne souris pas en opinant du bonnet pendant qu'il me dit que décidément *ils sont drôlement bons*, et puis, toujours en train de mastiquer les pancakes *drôlement bons* mais plutôt *secs* et *fades*, je sors de la maison à l'instant où le soleil émerge au-dessus de la crête à l'autre bout de la vallée, je grimpe dans la petite Alfa qui n'a pas descendu la montagne plus de vingt fois en trois mois et je mets le cap sur l'Anus d'or du Rêve californien.

*

Jim Larson et moi avons mis au point un spectacle comique dans les années soixante. Autrefois, nous passions dans de petits clubs et à la télévision, mais ces dernières années nous tournons un film chaque été et jouons un mois au Golconda à Las Vegas. Les films ne coûtent jamais plus de quatre ou cinq millions, en grande partie consacrés aux campagnes publicitaires, et à en croire *Variety*, ils rapportent généralement à tous de jolis profits, alors j'imagine que ça doit plaire à certains. Je suis incapable d'en regarder un seul et Jim a une attaque cardiaque chaque fois qu'il croise un cinéma avec les noms Jim Larson et David Ogilvie inscrits sur la marquise. La plupart du temps, nous faisons salle comble à l'Anaconda (ainsi qu'aime à le surnommer Jim), si bien qu'évidemment, entre cette célébrité et cet argent, les petites tracasseries du quotidien ne nous atteignent pas trop, comme d'avoir à choisir entre un hamburger et un cheese-burger, quelle marque de voiture conduire, où dormir et quoi faire de nos chaussettes trouées, même si chacun de nous a passé une bonne partie de son existence à s'inquiéter justement de ce genre de choses parce que dans le merveilleux jargon de l'industrie cinématographique, on n'arrivait pas à « se faire choper », comprendre : personne ne voulait de nous.

Après deux mois à Hollywood à vous lever à six heures du matin et à traîner entre les plateaux des Studios Burbank où se trouvent toujours quatre ou cinq types prêts à vous tomber dessus avec des problèmes à régler pour chaque minute où vous n'êtes pas sous le feu des projecteurs, jouer à l'Anaconda vous paraît plutôt marrant, d'une part parce que face à un véritable public il est plus facile de faire marcher les blagues, et que d'autre part, quand vous êtes en coulisse, vous pouvez dire aux gens que vous êtes « épuisé » – alors que deux heures sur scène sont beaucoup moins épuisantes que le tournage d'un film.

Faire un film est chiant, mais travailler à Vegas est terrifiant – voilà la principale différence. Après neuf ou dix heures d'ennui, je ne rêve que de rentrer à la maison regarder la télé, mais après deux heures de terreur, le monde vous paraît merveilleux.

Je parle pour moi, bien sûr. Jim ne réagit pas du tout pareil vu qu'à l'entendre, il ne connaît ni l'ennui ni la terreur, et je veux bien le croire parce que toute la journée sur le plateau ou quand on répète notre spectacle, il est sans cesse occupé, il va et vient entouré de gens, conclut des marchés pour conclure des marchés, invite des dames dans sa caravane, rit et plaisante avec tout le monde, décontracté comme à son habitude. Et à Vegas, pendant que je me liquéfie avant chaque représentation, Jim se pointe avec un quart d'heure de retard sur l'horaire, apparaît par la porte des coulisses en discutant avec un tas de personnes qu'il réussit je ne sais comment à empêcher de le suivre, me lance un clin d'œil, me prend par le bras et s'avance avec moi sous les projos pendant que l'orchestre joue encore le morceau précédant notre intro et le pauvre gars au micro derrière la scène qui est censé nous annoncer ne peut pas le faire parce qu'on est déjà devant le public et que Jim a déjà commencé à faire le pitre avec les musiciens et que les spectateurs se mettent à pousser cet incomparable rugissement qui grésille à l'oreille, et là, je n'ai plus peur.

*

Une fois, lors de ma descente sur Hollywood, je me suis retrouvé à Los Banos à quatre heures du matin, affamé, fatigué, barbu après ma belle solitude hivernale, sale et débraillé. Je suis entré dans ce restoroute ouvert toute la nuit, j'ai oublié le nom de l'endroit, Hinky Dinky's ou le Big Balloon, un truc dans le genre. Des rangées de camions étaient garées derrière sur un vaste parking goudronné avec des pompes à essence, des bouteilles d'huile de moteur, tout ça, et à l'intérieur, quelques camionneurs étaient installés dans leur section réservée, là où l'automobiliste moyen ou *trou-du-cul*, ainsi qu'on nous surnomme, ne viendrait pas les déranger. Deux agents de la Police des Autoroutes Californiennes leur tenaient compagnie, mais j'étais seul dans la section des trous-du-cul. Je me suis assis au comptoir et j'ai étudié le grand menu plastifié affichant les photos couleur des différentes spécialités, le MAXI HAMBURGER DELUXE, etc., qui d'ailleurs me convenait bien, avec du café frais et des frites dont j'espérais seulement qu'elles auraient meilleur goût que ce que laissait présager l'image.

Il y avait deux serveuses, jeunes et mignonnes, une blonde et une rousse, toutes les deux en mini-short satin rouge vif, bas résille noirs et talons hauts rouges ; mais bien sûr elles étaient dans le repaire des camionneurs, l'une assise avec les flics, l'autre avec les routiers. De l'autre côté de l'espace où étaient posées les commandes, l'un des cuistots au long visage sans charme sous une casquette a levé la tête et m'a lancé un clin d'œil : « Une serveuse arrive dans une minute », a-t-il hurlé et j'ai agité une main, *Pas de souci, y a pas d'urgence,* et j'ai profité du silence, de ne pas conduire, de la sensation différente qu'offrait le tabouret sous mes fesses. J'ai examiné le menu jusqu'à ce que la blonde revienne au comptoir, un des boutons en perle de son chemisier défait et dévoilant un joli petit bout de soutien-gorge Playtex, la broche avec son nom, DEBBIE, à peine courant, comme nom, je me suis dit, et j'ai commandé mon hamburger, mon café et une tarte aux pommes, puisque après tout, il était trop tard pour jouer les pervers, pas vrai ?

« Très bien, m'sieur », a-t-elle dit aimablement. Je voyais qu'elle en avait sa claque de cette nuit, les yeux un peu vitreux, les commissures des lèvres tombantes.

Mais elle était polie avec moi, m'a tout de suite servi mon café et vérifié que j'avais de la crème, la commande claquée sèchement sur le tableau pour être arrachée d'un coup par le cuistot qui m'a adressé une autre expression marrante. « MAXI DEL ! » a-t-elle hurlé en s'éloignant, « MAXI DEL ! » a-t-il renvoyé et j'ai entendu grésiller mon morceau de viande quand il a atterri sur le gril.

Le murmure d'une conversation me parvenait de la section des camionneurs, mais c'est tout, pas de musique. J'ai bu ma première gorgée de café brûlant et j'ai pivoté sur mon tabouret pour jeter un coup d'œil au juke-box. Il était là, coincé entre les toilettes HOMMES et FEMMES.

Un jeune couple est entré avant que je me lève, à peine plus de vingt ans, avec un bébé tout neuf dans une grenouillère bleue Dr Denton. Ils semblaient fatigués, avaient les traits tirés par la route, et le bébé était rouge, congestionné et il émettait des petits bruits dégoûtés. Le couple a pris place dans un box derrière moi et je me suis tourné pour les observer, avec les affaires du bébé, la couverture, le hochet, le sac à main, les manteaux, etc., qui se parlaient tout bas : « Est-ce que tu peux m'attraper le… ? », « Où est le couvercle ? », « Tiens-le droit. » Debbie est venue les aider à s'organiser, le papa a filé aux toilettes pendant que la maman installait le bébé tout en lisant le menu. Debbie s'est penchée pour prendre le petit dans ses bras, a chuchoté quelques mots à la maman qui est allée à son tour aux toilettes. Debbie a joué avec l'enfant, a gazouillé pour essayer de le calmer, en vain.

Je me suis détourné quand je me suis rendu compte que j'avais un peu trop fourré mon nez dans leur vie et me suis occupé de mon café, puis j'ai entendu le couple revenir des toilettes, le rire de la serveuse qui passait derrière le comptoir pour afficher leur commande, sans hurlement cette fois, si bien que j'avais dû être témoin d'une petite blague entre le cuistot et elle. Je me suis levé et me suis approché du juke-box. Les camionneurs me voyaient mieux à présent et j'ai remarqué que deux d'entre eux me fusillaient du regard, moi, ma barbe et mon jean miteux, se demandant sûrement quelle merde hippie j'allais choisir.

Jim colonisait la sélection du juke-box comme une poussée d'urticaire et histoire de me marrer, j'ai passé l'une de ses vieilles chansons, *Let It Happen*. Les accompagnements résonnaient avant même que j'aie regagné mon tabouret et j'ai observé le couple quand les premières notes de la basse ont retenti.

Leur regard s'est illuminé. Ils se sont dévisagés comme s'ils n'en croyaient pas leurs oreilles, et alors que Jim entonnait les paroles de sa voix forte et assurée, gonflée par ce ramassis de conneries romantiques, le mari a pris la main de sa femme. Bon Dieu, j'avais choisi *leur chanson* sans le faire exprès, la fatigue avait disparu de leurs traits. Ils ne se sont pas levés, n'ont pas dansé ni rien, mais ça valait bien un million de dollars de voir la façon dont ils se dévoraient des yeux.

Debbie m'a servi mon maxi del avec un sourire et le cuistot a accompagné Jim sur quelques mesures en chantant très fort, et même moi j'ai tapé du pied en rythme tout en contemplant le mini-short de la rousse à l'autre bout de la salle qui se balançait sur le chemin des toilettes.

L'identification, quand elle a eu lieu, n'a rien gâché. Debbie s'est penchée sur le comptoir et m'a dit doucement : « Vous ne seriez pas David Ogilvie ?

— Si, Madame.

— Vous devez adorer cette musique. C'est une merveille », a-t-elle ajouté avant d'apporter ses plats au couple. Ils passaient un joyeux moment, maintenant qu'ils avaient du café dans le ventre et que le bébé dormait, et un peu après, la maman s'est dirigée vers le juke-box et a choisi deux autres chansons de Jim. Elle m'a souri en revenant s'asseoir, timidement, mais n'a rien dit. Son sourire me remerciait de les avoir sauvés du cauchemar d'être sur la route à quatre heures du matin.

Debbie m'a également remercié, à sa façon elle aussi merveilleuse, dehors sur le parking, et j'imagine que maintenant, vous comprenez pourquoi j'ai décidé de faire carrière dans le show-business.

*

La première fois que j'ai vu Jim Larson, il était sur scène avec un orchestre dans le gymnase du lycée de Berkeley et jouait pour un bal organisé en après-midi, sauf que personne ne dansait vraiment parce qu'une bonne partie de l'orchestre prenait sa pause et qu'il ne restait qu'une petite formation – une section rythmique, deux saxophonistes et Jim avec son cornet à pistons si bémol en cuivre argenté. Ils s'époumonaient sur leurs instruments. Cette histoire remonte à un bail, et pendant que les gros orchestres embauchés pour ce genre d'événements jouaient du swing, cette obscure petite formation, elle, s'inspirait de Max Roach, Dizzy Gillespie, Charlie Parker et compagnie. Je ne sais pas si c'est la musique ou leur jeu qui m'a fait dresser les poils sur la nuque, mais au lieu de faire ce que j'étais venu faire, à savoir chercher une fille du nom de Chloe Melendrez, j'ai rejoint le bel attroupement de gamins rassemblés devant le groupe et j'ai continué d'écouter.

Mes goûts musicaux n'ont pas beaucoup évolué depuis cette période, je ne connais pas de meilleur trompettiste que Harry James, mais là, même moi j'étais capable de dire que ces mômes étaient sacrément bons. Et ils étaient tellement *cool*. Quand l'un d'eux se lançait dans un solo, les autres, plutôt que de l'écouter, se regroupaient autour du piano et discutaient, racontaient des blagues, n'accordaient aucune attention à celui qui soufflait comme un damné dans son cuivre, et puis tout naturellement, mais sans le moindre signal que je puisse repérer ou entendre, le groupe se reformait autour du solo et suivait cette ligne pendant un moment et puis Jim, par exemple, se lançait à son tour et les autres le laissaient seul avec la musique (plus la batterie et la basse, bien sûr), alors il allait et venait sur la scène, devant les chaises pliantes et les pupitres abandonnés par le reste de l'orchestre, se déplaçait tête baissée, tenant son cornet de sorte que le pavillon pointait presque vers le sol.

Il était accoutré comme les autres, le Levi's roulé un soupçon au-dessus des chaussures, chaussettes rayées jaunes et orange (je portais les mêmes), des *huaraches* d'une teinte plus foncée que leur marron clair tirant sur le jaune habituel auxquelles le cordonnier avait ajouté une semelle de plus de trois centimètres et un talon (je portais les mêmes), une chemise de soirée blanche, mais à la place du bombardier en cuir comme le mien ou de la veste de base-ball que devait posséder tout élève du lycée de Berkeley s'il ne voulait pas se faire traiter de pédale, Jim et ses potes musiciens arboraient des pardessus qui leur tombaient aux genoux ou des vestes de sport. Celle de Jim était bleu marine avec deux boutons mais laissée ouverte. Quant à sa coupe, il portait la banane standard, cheveux ramenés en pointe derrière, qui différenciait les *pachucos* de la blancaille (termes non pas raciaux, mais sociaux), et bien sûr, la bande et lui avaient chaussé les lunettes les plus noires qu'ils avaient pu trouver.

Je suis resté jusqu'à la fin de la pause déjeuner, puis je me suis dépêché de sortir pour fumer une cigarette sur le trottoir d'en face avant les cours. Alors que j'étais en train de me demander où pourrait bien être Chloe Melendrez durant l'après-midi (sous un joueur de foot, ai-je découvert), Jim est apparu par la porte latérale du gymnase, s'est allumé une clope et s'est dirigé vers moi. On était à même pas deux mètres l'un de l'autre, tirant sur nos cigarettes pendant que les voitures gonflées grondaient et pétaradaient dans la rue, la radio à plein volume.

Open the do', Richard

Open the do', and let me in...

Ou je ne sais quel tube de l'époque. J'ai pensé que ce serait sympa de complimenter Jim sur son jeu alors j'ai dit :

« C'est toi, le joueur de cornet ?

— Hein ? » Il était tellement cool…

« Un truc de dingue… votre musique… »

Il a rétorqué « Euh, ouais… » ou quelque chose de cet acabit. Jim était sans aucun doute dans sa phase cool. Après avoir écrasé sa cigarette par terre, il m'a regardé et ses lèvres se sont enroulées pour former un petit sourire : « Merci, mec… »

Il a traversé la rue en traînant des pieds et a réintégré le gymnase.

« Oh putain de merde de wow », ai-je murmuré, puis la cloche a sonné, alors j'ai remonté la pente en courant vers le lycée et je suis retourné en classe.

La deuxième fois que j'ai vu Jim, c'était à une soirée dansante au club de tennis à côté de l'hôtel Claremont. La soirée était organisée par des fraternités du lycée qui vendaient des carnets à toute personne prête à en acheter. Je ferais bien de décrire ces carnets parce que je ne crois pas qu'ils existent encore de nos jours, ou en tout cas, je n'en ai pas revu depuis que j'ai quitté le lycée de Berkeley ; il s'agissait de petites cartes reliées par des rubans de soie colorés que vous achetiez pour entrer au bal et que vous offriez ensuite à votre petite amie, plusieurs pages, une couverture en papier velouté (portant chacune un dessin différent) et des espaces réservés à l'intérieur pour noter le nom de vos partenaires de danse, sauf que du côté des garçons, il était mal vu de s'imposer ou de danser avec la copine d'un autre. Les filles les collectionnaient et les accrochaient à leur miroir comme des cartes de vœux. Il fallait aussi leur acheter une fleur qu'elles portaient au poignet, si bien que la salle de bal obscure peuplée de gamins en tenue de soirée dégageait une odeur d'usine à gardénias.

J'avais obtenu un rendez-vous avec Gloria Somerlade qui, elle, ne sentait pas les gardénias parce que je lui avais choisi une orchidée à quatre dollars ; je n'avais pas vraiment les moyens de dépenser cet argent mais je me disais que ça ferait un peu plus distingué et faciliterait les choses en fin de soirée. En fait, à cause de cette orchidée, elle a passé son temps à danser loin de moi tellement elle avait peur d'écraser la fleur. Jim était dans l'orchestre ce soir-là, mais comme tous les autres musiciens, il interprétait les succès du hit-parade. Ce n'était même pas lui le solo de trompette, mais un type assis à côté qui devait admirer Harry James encore plus que moi parce qu'il jouait exactement comme lui, ou du moins j'avais cette impression. J'ai fait signe à Jim quand je suis passé devant la scène en dansant, mais il ne m'a pas vu, même s'il ne portait pas de lunettes de soleil.

*

On se croisait sans arrêt dans le tram n° 7 après l'école sauf les jours où il répétait, il me tapait souvent une Camel, et au bout d'un moment, on s'est mis à discuter et à plaisanter ensemble. Le fond du tramway était toujours envahi de gamins et c'est là que nous montions nous aussi, parfois en entrant par la porte arrière sans payer, dix cents c'était dix cents, un cinquième de cuite si vous parveniez à vous faire servir. Un autre gamin de notre connaissance qui s'appelait Bunky savait faire marcher les commandes à l'arrière, identiques à celles de l'avant, de sorte que quand le tram arrivait au terminus, il suffisait au conducteur de s'installer à l'autre bout et de repartir. Mais avec le tram bondé roulant sur Grove Street, Bunky prenait le contrôle et nous envoyait dans la mauvaise direction. Le conducteur se levait, se frayait un chemin à travers les bandes de mômes, les yeux injectés de sang, tandis que Bunky se faufilait dehors et posait sur les rails les avertisseurs d'urgence qu'il avait volés dans le véhicule juste avant, et à peine ce pauvre conducteur malmené avait-il réussi à calmer les choses qu'on entendait des Bam ! Bam ! Bam !

Jim et moi trouvions ça plutôt drôle.

On passait les après-midi des week-ends chez lui, un minuscule appartement dans la résidence Cordenices, un immeuble aux loyers bon marché sur San Pablo Avenue dans West Berkeley, le pire quartier de la ville. Il vivait là avec sa mère, mais elle, je ne l'ai jamais vue. Quand elle ne travaillait pas, elle était toujours fourrée au Knapp's Bar en face, et nous avions l'appart pour nous. Généralement, on buvait de la bière dans sa chambre, on fumait des Camel en passant sa collection de disques, et pour la première fois j'ai été exposé à ces fous furieux du rebop. Jim était allongé en travers du lit comme hypnotisé, à écouter Charlie Parker ou Howard McGhee, et à l'occasion, il prenait son cornet qu'il gardait toujours à portée de main, et il accompagnait la musique sur quelques mesures, puis changeait de disque et chantait ou jouait dessus. Certains après-midi il ne faisait que s'exercer, assis à califourchon sur une chaise de cuisine, sa partition sur le pupitre (volé à l'école de Burbank) pendant que moi, je l'écoutais, lui parlais ou parcourais ses piles de *Beauty Parade, Titter, Sunshine*

& Health, etc., la plus belle collection de magazines que j'aie jamais vue, même si de mon côté j'avais une collection encore plus impressionnante de livres de blagues que Jim avalait au kilomètre.

Un jour où j'étais chez lui, quelqu'un a frappé contre la façade de l'immeuble et a demandé à Jim en hurlant de faire taire cette satanée trompette, alors Jim a bondi de son lit, a lui aussi abattu une main contre le mur et a vociféré comme un dément que si ce connard n'aimait pas sa satanée musique il pouvait se la foutre au cul, le tout à pleins poumons, la voix hystérique tandis qu'il souriait, le regard fou, et le type dehors a fini par partir.

Parfois on faisait le tour du pâté de maisons à la recherche des filles faciles censées pulluler dans ce genre de quartier, mais nos succès étaient très rares, et un jour, je me suis retrouvé pris dans un match de lutte avec une fille plus imposante que moi qui m'a renversé sur le lit de Jim où je me suis fait une coupure à l'œil et ai bien failli me vider de mon sang avant que Jim arrête de se marrer ; bien sûr la fille s'est tirée.

Une autre fois, je suis arrivé quand Jim travaillait son instrument. Il a acquiescé, m'a adressé un clin d'œil et j'ai allumé une clope après m'être assis sur le lit, mais je voyais bien qu'un truc ne tournait pas rond. Il jouait quelques notes qui me paraissaient bien, reprenait, s'interrompait pour cracher un « Et merde ! » puis recommençait, la petite série de notes rapides et claires, la frustration montant chaque fois d'un cran jusqu'à ce que finalement, il éloigne la trompette de ses lèvres et la regarde d'un air consterné.

« Bordel !

— Qu'est-ce qui se passe ?

— C'est cette putain de *trompette* ! »

Mais ce n'était pas la trompette. Elle était magnifique, toujours astiquée et les pistons huilés, tous ses éléments à leur place dans la mallette tapissée d'un velours vert éclatant, l'embouchoir de rechange, le petit pupitre argenté pliable, la sourdine elle aussi argentée. Ce qui consternait Jim, c'était d'*entendre* parfaitement les notes, d'imaginer comment elles devraient sonner, mais d'être incapable de les sortir.

Mais dans l'ensemble, avec quelques bières, quelques Camel et de sympathiques jeunes filles en culotte, il pouvait jouer comme un dieu. Je m'éclatais vraiment à l'écouter et je ne me suis jamais autant amusé durant mes années lycée que quand j'étais chez Jim.

*

On ne s'est plus trop quittés de l'année ni de l'été, mais ma famille a déménagé sur la côte nord ouest et bien entendu, je l'ai suivie, même si l'idée d'abandonner la Californie pour ces régions forestières me rendait malade. Vers la fin de l'été, un peu avant mon départ, Jim m'a appelé un après-midi parce qu'il allait participer à une jam session organisée dans une grange au milieu des collines entre Berkeley et Oakland, le pied total, pas de danseurs, que de la musique, des tas de musiciens qui afflueraient de tout l'est de la Baie, est-ce que je voulais venir, parce que les invités seraient listés à l'entrée. Entamant à mon tour ma période cool, j'imagine que j'ai dû répondre un truc du genre : « Wow, mec, ça m'a l'air sensass, à la coule et tout ! » L'expression « à la coule » était le must du cool, justement.

Encore aujourd'hui, cette soirée reste la meilleure que Jim ait jamais passée de sa vie. Contrairement à moi. Je pourrais penser à dix mille autres soirées où je me suis plus amusé, mais je veux bien croire Jim, puisque après tout, il était sur scène avec les musiciens alors que j'étais dans la fosse avec les mecs bourrés qui se foutaient des coups, se balançaient des bouteilles, dégueulaient, beuglaient, vous piquaient votre copine et vous éclataient la gueule.

À cette époque, ce coin de la Baie était pris d'assaut par des gangs de jeunes, et pour ce que j'en sais, ils y sont toujours – le gang des Watchtrack à Oakland, Jinio Reles et son armée chinoise (sans aucun Chinois dedans), les premiers Hell's Angels, et beaucoup de *hombres* à la couenne dure qui n'appartenaient à aucun gang en particulier comme Al deAlba ou Billy Martin, mais qui vous bottaient le cul si vous les regardiez de travers. Une fois, sur la ligne F en direction du centre de Berkeley, je n'ai pas baissé les yeux comme il fallait quand trois Mexicains en costume de zazous se sont avancés dans l'allée, et j'ai été obligé, devant mes amis, des filles, des vieux, etc., de mordre la poussière – le chef de la bande s'est arrêté devant moi et a dit : « J'aime pas ta tronche. »

Cette remarque appelait une réponse, et je suppose qu'un type plus grand que moi ou avec des amis plus courageux aurait pu rétorquer : « Tu sais quoi, gros lard ? Va te faire foutre », et passer à autre chose. Mais vu la situation, je me suis contenté d'un : « Moi non plus ! » et c'est ainsi, je crois, que j'ai sauvé la face tout en les empêchant de réduire la mienne en bouillie, parce que les trois jeunes zazous ont ri et sont partis.

Ma première expérience en tant que comédien.

Je suis arrivé à la jam session dans le coffre de la voiture d'un ami, allongé dans le noir pendant tout le trajet mais avec une consolation – Dotty McCarty se trouvait avec moi, c'était notre premier rendez-vous, et elle avait la réputation de sauter n'importe quel mec capable de se montrer un peu sympa avec elle, si bien que tandis que la bagnole grondait et bondissait à travers les collines à la recherche de la grange, Dotty et moi avons fait connaissance dans le coffre, avons échangé quelques tendres baisers, une bonne dose de caresses ici et là, et quand Forni, notre conducteur, a ouvert le coffre pour nous faire sortir sous les projecteurs devant la grange, j'étais galvanisé et prêt à tout.

Ce soir-là je portais un blazer lie-de-vin sans col, une chemise blanche dotée, elle, d'un col très remonté à la Billy Eckstine, une cravate chic et un pantalon à rayures anthracite qui me montait au sternum, quatre-vingt-dix centimètres au genou, quarante au revers.

Parmi les groupes qui fourmillaient à l'entrée, ma tenue était un peu formelle, mais pas insolite. Il y avait d'autres zazous, beaucoup d'ensembles Levi's graisseux (jean, veste et bottes), beaucoup de pardessus, chapeaux et lunettes de soleil (dont les miennes), beaucoup de motos, de voitures abaissées et customisées, des pick-up coupés et peints en rouge, des traces évidentes de caisses de bière et de bouteilles de whisky, une ou deux bousculades à la porte, le bruit de la musique qui parvenait jusqu'à nous, le retard qui énervait ceux des initiés qui étaient encore dehors plutôt qu'à l'intérieur, la nécessité d'avoir une invitation (pas sur papier, mais soi-disant enregistrée dans la mémoire des abrutis de videurs), bref, l'atmosphère était explosive. Ma propre tension est montée en flèche quand je me suis aperçu que Dotty était l'une des rares filles présentes, et qu'elle faisait signe à des types bien plus âgés, plus durs et plus cuités que moi.

L'astuce était donc d'entrer avant qu'il ne se passe quoi que ce soit. J'ai poussé Dotty devant moi en l'utilisant comme bélier pour nous ouvrir les portes de la grange, entendant pas mal de « Faites attention putain ! Oh pardon » sur notre passage quand les gars voyaient que c'était Dotty qui les avait bousculés, et évidemment, soit Jim avait oublié de laisser mon nom à la porte soit les génies qui filtraient l'avaient oublié, mais nous sommes quand même entrés parce que deux motards essayaient de pénétrer à l'intérieur avec leur engin, ce qui a distrait les gardiens du temple assez longtemps pour qu'on puisse se faufiler.

Dans la grange, l'ambiance était toute différente.

Elle avait été transformée en salle de spectacle, avec une scène au fond et des projecteurs braqués sur les musiciens. Je n'avais jamais vu autant de mecs avec un instrument réunis sur une scène. Les spectateurs étaient éclairés par une guirlande de lumières rouges et bleues qui faisait le tour de la salle, mais l'obscurité régnait quand même, les gens qui sautaient en rythme avec la musique étaient les uns sur les autres, fumaient des cigarettes et faisaient tourner le whisky. Dotty et moi nous sommes mis à l'aise autant que possible contre le mur près de la scène, et j'ai sorti une bouteille que nous avons vidée rapidement vu que nous l'avions déjà entamée dans le coffre de la voiture.

Même à cet instant, l'idée de monter sur scène me foutait une trouille terrible, alors que Jim qui s'y trouvait avec le reste de la clique adorait ça, il avait les yeux qui pétillaient et entre ses mains, son magnifique cornet si bémol au pavillon en cuivre a rutilé sous les feux de la rampe tout le temps où je l'ai regardé, et ce malgré les bastons, les mecs qui hurlaient et vomissaient, les musiciens qui allaient et venaient. Plus tard, quand le groupe de Jim a eu terminé sa partie, il m'a aperçu de là-haut en mettant sa main en visière, m'a fait signe de le rejoindre et a ri parce qu'il savait que j'aurais peur, et au moment où il allait descendre, le leader du nouveau groupe, un gamin noir, grand et maigre avec un superbe saxophone, a dit dans le micro : « Hé, docteur Jim, on peut te garder encore un peu ? » et sous un tonnerre d'applaudissements – totalement mérités – Jim est revenu sur scène, a agité son instrument au-dessus de sa tête en guise de remerciement et tous ensemble – cinq ou six Noirs et Jim –, ils se sont lancés dans une version de *How High the Moon* qui a duré au moins vingt minutes et les spectateurs ont gueulé comme des malades.

Ça s'est passé comme ça, et je comprends pourquoi Jim repense à cette soirée comme la plus belle de sa vie, même si au petit matin, Dotty McCarty a filé (ou a été enlevée, pour ce que ça me faisait), et que je ne l'ai plus revue, non pas que j'étais si intéressé que ça, mais disons que Forni n'y a pas été mollo sur les sarcasmes pendant le trajet de retour jusque dans mon quartier et qu'en plus, ça n'était pas très agréable de s'être fringué comme ça pour finir tout seul. Mais tant pis.

*

J'ai quitté Sonoma Mountain pour rejoindre Hollywood un lundi, accompagnant ma descente vers le sud de son menu habituel, pancakes nappés de sirop à la framboise, œufs au plat maison, pommes de terre sautées et bacon, pain de seigle grillé et compote de pommes, l'indispensable pack de huit bouteilles de Coca toujours sur le plancher de la voiture pour que je puisse en décapsuler une de temps en temps et la vider à moitié avant de la coincer entre mes cuisses ; cinq ou six joints roulés par mes soins dans ma poche de chemise, un petit flacon de cocaïne sous le tapis à côté du Coca au cas où je commencerais à m'endormir ; des sandwichs bacon, laitue, tomate sur du pain blanc avec de grands verres de lait et des frites, beaucoup de frites, et des escales occasionnelles au McDonald's pour embarquer une ou deux grandes frites, parce que McDonald's fait les meilleures même si je n'y commande rien d'autre parce que rien d'autre n'arrive à la cheville de leurs frites ;

des milk-shakes vanille, des palourdes frites, et quand je m'arrête dans une station-service pour faire le plein, je dois nettoyer la graisse sur le volant, les traces de coke sur mes lèvres et après ça, c'est parti pour le long défilé brûlant de la San Fernando Valley, le plancher de la bagnole jonché de bouteilles de Coca qui s'entrechoquent contre la ceinture de sécurité orpheline, et moi crevant de chaud, le cœur retourné, rétamé, camé, poisseux et puant, trop content de sortir à LAUREL CANYON pour gagner Hollywood à toute blinde de l'autre côté de la colline, et ensuite : arrivée à l'hôtel, enregistrement éclair, montée à mon appartement et douche glacée dont je rêve depuis deux heures, fenêtre de la salle de bains ouverte pour que je puisse regarder Sunset Boulevard et Downtown L.A. dans le crépuscule rougissant pendant que je me décrasse le corps de ce périple.

Mais tout cela en pure perte de temps. J'étais assis dans le salon avec une grande serviette blanche de l'hôtel autour de la taille, je regardais *I Love Lucy* sur la télé couleur quand le téléphone a sonné. C'était Karl, notre producteur, et comme d'habitude, il paniquait même s'il n'aime pas que les gens sachent qu'il panique. On a échangé des banalités pendant un moment et puis il a dit : « Jim n'est pas là.

— Il va arriver.

— Là, c'est différent », a-t-il rétorqué, une allusion au fait que Jim n'était jamais à l'heure. Mais il n'était pas vraiment en retard. Moi, je me pointe toujours avec quelques jours d'avance pour évacuer la partie chiante du boulot avant le début du tournage, comme lire le script, aller aux essayages, etc., alors que Jim débarquait à la dernière minute, jetait un coup d'œil à son texte et se lançait. Ce qui poussait quasiment tout le monde à bout, surtout Karl. À cet instant, il me racontait de sa voix douce et bien élevée de mec sorti de l'Ivy League que cette fois, c'était différent, Jim n'était dans aucun de ses repaires habituels, qu'il avait vraiment disparu, et Karl se demandait si j'avais de ses nouvelles ou si je savais où le trouver.

Il y a longtemps de ça, j'avais bien précisé que je ne serais pas responsable de Jim et qu'il ne serait pas responsable de moi, alors j'ai répondu non à Karl et lui ai conseillé de ne pas s'inquiéter. Après, il a voulu m'inviter à dîner chez Ray Stark mais je me suis fait excuser parce que j'étais fatigué, et encore après, il a proposé de me présenter une jeune femme, une de ses amies actrices qui séjournait justement dans le même hôtel que moi, mais pour ça aussi je me suis fait excuser, même si ça ne m'aurait pas dérangé, mais je m'efforçais de n'accepter aucune faveur de Karl, et je lui ai répété que j'étais très fatigué, que je le verrais le lendemain sur le plateau, et j'ai fini par raccrocher. *I Love Lucy* commençait quand le téléphone a encore sonné, et le sous-fifre de Karl m'a rappelé que mon rendez-vous avec ce dernier aurait lieu à dix heures et quart au bureau, si cela me convenait, j'ai dit que oui avant de reposer une fois de plus le combiné, puis je suis descendu dans le hall d'entrée pour me chercher deux Coca à la machine et je discutais avec le réceptionniste quand il m'a dit : « Vous avez un appel, vous n'avez qu'à le prendre dans la cabine », à quoi j'ai répondu : « Peut-être que je ne suis pas là », mais il a ajouté : « Je crois que vous voudrez prendre cet appel », donc je me suis dirigé vers la petite cabine à l'autre bout du hall d'entrée.

« Salut, a lancé Jim.

— Salut », ai-je répondu. J'ai attendu. Il y avait un peu de friture sur la ligne. Appel longue distance.

« Où es-tu ? ai-je fini par demander.

— Chez toi. À la montagne.

— Comme c'est drôle. Je suis à Hollywood.

— Je sais. »

J'ai attendu. Encore de la friture. J'ai repris la parole : « Comment se porte la famille, là-haut ?

— Très bien. Contrairement à moi. »

J'ai émis des sons comme des notes de violon, mais il m'a interrompu :

« Dis, tu pourrais pas remonter ? J'ai besoin de te parler. » Après une petite pause, il a ajouté : « Je me sens vraiment super mal, vieux.

— D'accord.

— Oh et puis merde, je vais descendre. Je me comporte comme un putain de môme.

— Non, c'est bon, j'arrive… »

J'avais donc perdu mon temps en descendant tout seul.

Tous les ans, il se passe un truc.

*

Je suis revenu par avion, et à mon arrivée au ranch, toute ma famille avait disparu sauf papy. C'était peut-être leur délicatesse typique de l'Oklahoma ou parce qu'ils voulaient simplement assister aux courses de voitures à Laguna Seca, je n'en sais rien, mais quand le taxi s'est enfin garé devant la maison, j'ai découvert des projets inachevés un peu partout, des piles de Placo, des sacs de ciment, la vieille bétonnière cassée d'un précédent locataire, deux des voitures en cours de désossage, les pièces étalées autour, plusieurs pots de peinture et des pinceaux laissés à tremper. Ma famille pouvait foncer tête baissée dans la réalisation d'un projet plus vite que n'importe qui de mes connaissances, ils se lançaient et puis le rythme se calmait, les consultations commençaient, et au bout d'un moment ils se retrouvaient tous sur la véranda, à l'ombre, assis sur un fauteuil de jardin en séquoia ou sur les chaises de la cuisine qu'ils avaient traînées dehors et qu'ils rentraient ensuite pour le dîner, fumant et discutant de leurs diverses idées. Seul papy ne participait pas à ces conseils d'administration postprandiaux. Il passait la majeure partie de son temps au soleil à travailler la terre afin de la préparer pour une seconde récolte, ayant raté la première puisque j'étais seul au moment de la plantation et que je n'avais rien planté. Papy se chargeait de semer, après avoir traité le terrain, et bien sûr, le restant de l'été était consacré à guerroyer. Mais en général, je n'en entendais parler que par téléphone quand le cousin Harold ou un autre décrochait (une majorité de ma famille, dont papy, n'aimait pas le téléphone), si bien que revenir comme ça, après seulement deux jours d'absence qui m'avaient déjà bien changé, était un brin déstabilisant.

J'ai payé le chauffeur et l'ai regardé manœuvrer son véhicule sur la route chaotique et rocailleuse jusqu'à ce qu'il disparaisse parmi les arbres, et puis j'ai rejoint la véranda. Les petites chaises de l'appentis y étaient éparpillées et les coussins étaient déjà sculptés par les fesses de ceux qui s'y étaient assis. J'ai jeté un regard circulaire. Tout semblait mort, sauf les chaises et les portes vitrées ouvertes sur le salon. Dans le verger, j'apercevais papy occupé à je ne sais quoi sur un arbre, alors j'ai agité la main et hurlé mais je ne crois pas qu'il m'ait entendu parce qu'il ne s'est pas arrêté.

J'ai passé les baies vitrées et suis entré dans la cuisine, espérant trouver quelque chose à manger. Jim était là, en tablier, sandales mexicaines et jean, en train de laver la vaisselle.

« Je crois que c'est la première fois que je te vois faire la vaisselle.

— Salut, Ogle. Ils sont tous partis voir les courses à Laguna Seca. Ils seront de retour dans un ou deux jours.

— Ils ne vont pas me manquer.

— À moi non plus. »

Je me suis versé un café, le café de papy, j'en ai bu une gorgée et me suis assis. « Qu'est-ce qu'il y avait au petit déjeuner ?

— Des pancakes aux flocons d'avoine. » Il continuait de faire la vaisselle. « Mais ils ont tous été engloutis. Désolé.

— Une prochaine fois.

— Je pourrais appeler papy. Il serait sûrement content de t'en préparer une petite pile.

— Ça m'étonnerait que tu arrives à le convaincre.

— Il sait que tu es rentré ?

— J'ai hurlé dans sa direction. »

Jim n'avait pas cessé de faire la vaisselle. Il avait l'air bien. Je suis sorti me mettre au soleil sur la véranda et peu après Jim m'a rejoint avec une tasse de café et s'est assis sur la rambarde qui donnait du côté de l'étang aux grenouilles.

« C'est sympa par ici. Comment tu t'occupes tout l'hiver ?

— Je me branle et je bouquine. » Connaissant Jim, je savais qu'il finirait par me dire de lui-même ce qu'il avait sur le cœur, ou pas. Inutile de l'asticoter, ainsi que l'apprenaient très vite la plupart des gens qui avaient affaire à lui, inutile de le pousser dans ses retranchements.

« Je comprends que l'endroit te plaise. Mais tu ne te sens pas seul en hiver ? Tu fais comment pour la baise ?

— Je vais en ville, comme tout le monde. »

Jim a sorti une petite fiole de coke, l'a secouée pour mettre un peu de poudre au bout de son doigt et l'a sniffée. Il m'a tendu la fiole et j'en ai pris aussi.

« Ça fait quelques jours que je ne dors pas.

— Pourquoi ne pas te boire une bouteille de whisky ? Ça t'assommerait direct.

— J'ai essayé la gnôle, mais au final, je me retrouve bourré et coké au lieu de juste coké. J'ai eu des visions super bizarres. Allons voir ce que fabrique papy.

— Tu ferais mieux d'enfiler une chemise. »

Nous sommes descendus au verger. Papy, vêtu d'une salopette sur un vieux polo rayé à moi et d'un chapeau de paille qu'il avait depuis au moins dix ans, inspectait les arbres. On s'est salués, fait la bise, puis il a déclaré que mes arbres partaient en sucette et que c'était sans espoir. Comme je répondais que ça m'était égal, il a rétorqué que j'étais sacrément bête de gâcher ces arbres fruitiers. Je lui ai renvoyé qu'il pouvait se les garder, alors il a grogné, ce que j'ai pris pour un rire et, nous traitant comme des gamins, il nous a chassés : « Allez-vous-en maintenant, je travaille, moi ! » et Jim et moi nous sommes éloignés du verger.

« Tu as déjà vu la source ? » ai-je demandé à Jim. Ce n'était pas le cas, donc je l'ai conduit de l'autre côté de l'allée, vers la lisière des bois où jaillissait une source sous un rocher coincé entre les racines d'un gros pommier. Il y a belle lurette, quelqu'un avait enterré un demi-tonneau autour de la source et posé un couvercle dessus, si bien qu'en soulevant quelques pierres disposées çà et là et le couvercle, on avait environ soixante centimètres d'une eau de source glacée, y compris au plus chaud de l'été. Nous avons bu dans nos mains en coupe et nous sommes installés à l'ombre de l'arbre. Tout était d'un vert brillant là où coulait la source avant de retourner sous terre. Les oiseaux avaient plus ou moins cessé de chanter pour la journée et les insectes avaient pris le relais ; ils s'en donneraient à cœur joie jusqu'à midi, à peu près, et puis tout se tairait, et le seul événement serait un éventuel faucon ou vautour planant au-dessus de nos têtes sur les courants ascendants. Vous ne me ferez pas croire qu'ils chassent à cette heure-ci de la journée. À midi, aucune de leurs proies ne bouge. M'est avis qu'ils ne font que glander là-haut pour se protéger de la chaleur. J'ai fait la remarque à Jim qui a ri et nous avons repris de la coke.

« Je deviens fou, a-t-il déclaré au bout d'un moment. Et c'est pas drôle du tout. »

*

On est restés près de la source un certain temps. Jim ne s'est pas étendu sur sa folie, et je n'ai pas insisté. Il préférait parler d'une Japonaise. Jim et moi avions séjourné à Tokyo à la même époque, moi à l'aéroport international de Tokyo (Haneda) et lui avec l'orchestre de l'Air Force, au quartier général de la FEAF (l'armée de l'air déployée en Extrême-Orient) situé en centre-ville. Jim avait deux joints dans la poche de sa chemise et nous en avons fumé la moitié d'un.

« Vas-y doucement, m'a-t-il conseillé. C'est de la hawaïenne, la meilleure au monde. »

J'ai dit que je ferais attention.

Jim était d'humeur à dégoiser et heureusement, j'étais d'humeur à m'allonger et à regarder les oiseaux tournoyer en croquant quelques petites pommes vertes douces amères à la chair ferme, et à boire deux grosses louchées d'eau fraîche de temps en temps. Jim s'est allongé lui aussi et à le voir, vous auriez pu croire qu'il n'avait pas le moindre souci au monde. Il m'a parlé de sa Japonaise, l'a appelée Shiroko la Putain Blanche de Shinbashi, comme si c'était un titre. Elle n'était pas blanche mais portait toujours un kimono blanc et semblait flotter hors de la brume dès que Jim mettait les pieds dans cette partie de la ville. Il avait tout su d'elle avant même de la suivre ; elle était célèbre, pas seulement à cause du kimono blanc et de son incroyable beauté, mais parce qu'étant sourde et muette, elle ne pouvait émettre que des grognements. Ces bruits déstabilisaient pas mal de gars, bien que pas tous, donc un jour où il était soûl comme une barrique, il a sauté de l'arrière de son taxi et s'est approché d'elle alors qu'elle se tenait sur un des petits ponts en pierre qui pullulent dans ce coin-là.

« Ça n'a pas été facile de se mettre d'accord. Le "Tu prends combien ?" sonnait assez dégueu avec elle qui te grognait dessus en levant les doigts pour indiquer le prix. "Deux cents ? Non ? Deux *mille* ? *Yada* ! *Nondemonai* !"»

Il y a eu un silence et nous avons écouté le vent dans les arbres.

« Je t'ennuie avec toutes mes conneries ?

— Mais non, mon vieux, j'ai entendu parler d'elle. » J'ai réussi à ne pas préciser que j'avais couché avec elle une fois et que depuis tout ce temps, j'ignorais que Jim aussi. C'était une femme d'une beauté incroyable, c'est vrai, et effectivement, elle poussait de petits couinements, portait un kimono blanc, etc., mais le plus frappant était ses yeux. Elle avait des yeux d'un noir profond qui vous reléguaient à dix mille bornes, et toute la saleté, la gêne, l'immoralité grossière de la transaction semblaient vous remplir la bouche, même si elle se montrait polie et attentionnée, qu'elle vous prenait par la main pour vous conduire jusqu'à son petit hôtel dans une allée à l'écart de l'Avenue A, mais vous regrettiez de l'avoir abordée, ou après avoir découvert qu'elle était sourde et muette, de ne pas lui avoir souri, agi en bon garçon : lui donner de l'argent et partir, mais non, vous ne pouviez pas refuser une beauté pareille, vous ne pouviez pas ne pas la baiser, alors c'est ce que vous faisiez, et elle vous embrassait, grognait, marmonnait, vous donnait tout ce qu'elle avait, mais après, elle vous regardait avec ces yeux et les regrets s'abattaient sur vous. Du moins c'est l'effet qu'elle a eu sur moi. Je n'en ai rien dit à Jim.

« Je l'ai vue à Los Angeles, vieux.

— Elle doit avoir drôlement vieilli, ai-je commenté alors que les poils se dressaient sur ma nuque.

— Non, pas dans ce sens-là. Je l'ai vue qui marchait sur Hollywood Boulevard dans son vieux kimono blanc. À Tokyo, après l'avoir suivie, j'ai disparu de la circulation, vieux, j'ai vécu avec elle pendant six putain de semaines. Quand j'ai finalement rejoint l'armée, j'ai plaidé l'article 15 et l'orchestre est parti faire la tournée des ambassades et je ne l'ai plus jamais revue, je ne suis jamais retourné à Shinbashi, et si tu savais, ces six semaines, ç'a vraiment été quelque chose. »

D'abord il y a eu un gros oiseau, puis deux, puis trois, tous tournoyant, leurs ailes comme des doigts noirs écartés, portés par les courants ascendants, planant au milieu des parfums chauds en attendant l'odeur crue et astringente de la charogne qui sonnerait l'heure du repas. On les a observés un bout de temps.

« Le fait que je l'aie aperçue sur Hollywood Boulevard, t'en penses quoi ?

— Que c'est une de ces illusions d'optique bizarres, je dirais. Ça arrive souvent. Comme ces oiseaux à la con. Tu crois vraiment qu'il y a des oiseaux au-dessus de nous ?

— Pas si tu dis que non, mec ! a ri Jim.

— C'est flippant, pas vrai ?

— T'y crois vraiment, en plus.

— C'est comme ça qu'on parlait pendant le service. "Et en plus, t'y crois !"

— Quoi ?

— Hein, mais bordel, écoute-moi un peu !

— Ça m'a foutu la trouille de ma vie. Tu sais, pas parce que je croyais que c'était elle, mais tout ce que ça m'a rappelé, ça m'a fait peur. Je me demande depuis combien de temps elle est morte…

— Tu penses qu'elle est forcément morte ? » ai-je demandé mais mon cœur qui chavirait savait qu'elle était morte, depuis longtemps, une pute de Tokyo morte.

« Elle est morte, a affirmé Jim, sûr de lui. Pas plus vivante qu'un satané clou. Sinon, pourquoi elle viendrait me hanter sur Hollywood Boulevard ?

— Ça, j'en sais vraiment rien.

— Mais c'est pas ça qui me rend dingue. C'est le reste. Si ma vie se résumait à voir Shiroko sur Hollywood Boulevard en plein milieu d'un après-midi brûlant et encombré, je serais l'homme le plus heureux du monde, mais non, il y a plus que ça, beaucoup plus, bon sang, je dois te soûler de paroles, là, alors que je suis pas du genre à geindre, le ciel m'en est témoin, mais là, j'ai de quoi geindre. »

Jim s'est levé avec précaution, a fait tomber l'herbe et la poussière de son jean, et a entamé l'un de ses tubes qui s'est le mieux vendu, mais avec une espèce de ton plaintif désopilant. J'ai ri au bout de quelques mesures, mais il a chanté toute la chanson, et puis il s'est rassis.

« Ça ne vendrait rien, cette version », a-t-il conclu. J'étais d'accord.

*

On était assis tranquillement près de la source. C'était un de ces moments dont vous aimeriez qu'ils durent toujours, un fragment de paix parfaite. À la lisière des bois, à l'écart de la maison et du verger, un chat parmi la demi-douzaine qui vivait dans les parages était assis sur un antique poteau de clôture et seule sa queue remuait, encore qu'à peine. Le vieux matou semblait de bonne humeur, les yeux mi-clos, quand j'ai entendu un bruissement, un cliquètement et j'ai aperçu un colibri ondoyer à quelques centimètres de la tête du chat. Les colibris sont des bestioles coriaces, entre la méchante aiguille qui leur sert de bec et leur vitesse incroyable, ils n'ont pas peur de grand-chose. Le petit oiseau émeraude bruissait et cliquetait donc près du chat. Ce dernier a ouvert grand les yeux, a regardé la créature minuscule dont il aurait pu ne faire qu'une bouchée et s'est détourné. Il l'a snobée délibérément.

Le colibri s'est éloigné en bruissant et cliquetant, satisfait. J'ai ri.

« Qu'est-ce qui te fait rire ? » a demandé Jim.

Puisqu'il venait de me chanter une chanson, j'ai pensé que ça passerait si je lui répondais par le regard insistant qui m'avait valu d'être surnommé Ogle. Je l'ai regardé droit dans les yeux, la bouche entrouverte, l'expression d'un homme sur le point de dire quelque chose, une chose qu'il a sur le bout de la langue, qu'il exprimerait si seulement les mots voulaient bien sortir, l'expression figée, aux aguets, comme les troupes à l'entraînement quand le sergent instructeur hurle « EN AVANT... », que tout le monde est prêt pour le « MARCHE ! » qui n'arrive pas, les troupes se penchent en avant, s'attendant toujours à ce que le sergent chope le rythme et crie « MARCHE ! », mais non, alors les soldats s'effondrent les uns sur les autres, se raidissent ou se mettent au repos et quand l'instant parfait pour les pigeonner arrive, il crie « MARCHE ! »

Sauf que bien sûr, Jim avait l'habitude puisque c'était la base même de notre duo, moi lent, lui rapide, moi qui n'ai pas la lumière dans toutes les pièces, lui qui ne manque jamais de repartie, qui a toujours une chanson à chanter, des pas de danse à exécuter, mais qui jamais ne se moque de moi, ne chante ni ne blague à mes dépens, mon bon camarade indéfectible, enthousiaste et obligeant qui aimerait me voir sortir de mon mutisme, lui l'homme au franc-parler et moi celui qui, à la toute dernière minute, trouve le mot, la phrase ou le grognement qui fait s'écrouler la salle de rire.

À cet instant, je me suis borné à le reluquer, la mâchoire tombant de plus en plus bas jusqu'à lui arracher un rire.

Nous jouions ce jeu depuis longtemps, mais nous parvenions encore à nous faire rire et je ne sais comment le vivent les autres, si les peintres, les écrivains, les acteurs ou les comiques aiment secrètement ce qu'ils font, mais nous, c'est sûr que oui, et pas secrètement. C'est ce que les gens préfèrent dans nos sketchs, ils nous le disent dans leurs lettres, et notre plus beau succès a été notre passage au *Tonight Show*, celui qui nous a valu le plus de courrier. Jim était arrivé en retard comme d'habitude et Carson pensait qu'il ne se pointerait jamais, alors que Jim avait passé la journée en studio à répéter.

Il était donc absent, l'équipe pétait les plombs, Carson explosait en coulisse, les aiguilles ont fait le tour du cadran et il a été décidé qu'on commencerait l'enregistrement sans Jim.

Nous étions les premiers invités à passer parce que nous étions censés partir tôt, mais Jim n'était toujours pas là. Je suis apparu sur le plateau le corps parcouru de fourmis, et après les applaudissements, me suis assis et j'ai écouté Carson improviser une excuse pour Jim.

Je n'avais pas la moindre idée de ce que j'allais faire. On ne manquait pas de matière, mais c'était Jim qui gérait l'ouverture, et sans ses lancements, mes répliques valaient que dalle.

Carson s'est tourné vers moi.

« Ogilvie sans Larson, a-t-il annoncé. Une première dans le show-business, j'imagine. De quoi allons-nous parler ? »

Bravo, Johnny, merci. Puisque je ne pouvais m'appuyer sur rien, je l'ai lorgné, pensant qu'il prendrait le rôle de Jim, mais au lieu de ça, il m'a lorgné en retour, et il faut savoir que Carson est un lorgneur de première.

On s'est donc lorgnés tour à tour, Carson envoyant quelques œillades aux spectateurs pour les entraîner dans le mouvement et on se débrouillait pas mal, un certain volume de satisfaction se faisait entendre depuis la salle, quand Jim s'est levé au milieu de la section cuivre de l'orchestre, l'instrument de quelqu'un d'autre en main, et il a dit : « Qu'est-ce qui vous arrive, les gars ? » Une fois les lumières et la caméra braquées sur lui, il a ajouté à l'intention du public : « Ça se goinfre de beurre de cacahuète, regardez-moi ça… » et les caméras sont revenues sur nous, et nous nous sommes fait des « joues pleines de beurre de cacahuète », puis retour sur Jim qui m'a dit : « Bah c'est quoi alors ? Du chewing-gum ? Qu'est-ce que tu mâches, t'as l'air tout coincé ? »

Au moment opportun, j'ai répondu : « Des pruneaux… » La caméra est passée sur Carson pour les rires et les applaudissements, et quand ils sont retombés, Jim a donné le signal au chef d'orchestre et il a entamé sa première chanson, mais ce n'est pas cela qui nous a valu des lettres de fans. C'est ce qui est arrivé pendant que Jim chantait. Je me suis penché en avant, le regard toujours ahuri, pensant qu'aucune caméra ne me filmerait pendant la chanson, mais une petite lumière rouge s'est allumée. Alors j'ai accentué mon ahurissement et la production a alterné entre Jim qui s'extrayait de l'orchestre et moi qui faisais le pitre, heureux de l'écouter. Au terme de la chanson, je me suis laissé tomber du canapé.

Je lui ai purement et simplement volé la vedette, mais ceux qui nous ont écrit l'ont pris pour un exemple d'amour fraternel.

« Comment arrivez-vous à vous supporter ? » a demandé Carson plus tard.

*

Les oiseaux avaient reniflé l'odeur de leur repas. Plus loin dans le verger, sous l'abricotier, papy était allongé sur le côté, mort, les yeux grands ouverts, mâchoire relâchée, la langue pendant légèrement. Jim l'a vu le premier alors qu'on allait remonter vers la maison pour nous préparer à manger.

« Oh oh, a-t-il dit. Papy est à plat ! »

On a couru jusqu'au corps et on s'est agenouillés au milieu des mottes de terre mais ça ne servait à rien. Il était clairement mort.

« Fils de salaud, va », ai-je dit. Jim l'a pris par les pieds, moi par les bras et on l'a porté jusqu'à la maison. Je ne voyais pas sa tête car elle avait basculé en arrière et je faisais attention que son corps ne heurte pas les marches de la véranda. On l'a allongé sur l'une des chaises longues en séquoia. Il était affreusement léger.

« Quel âge ? a demandé Jim.

— Quatre-vingt-cinq, par là. C'était un de mes parents préférés.

— Eh bien, maintenant il est mort. »

Je me suis assis à côté du corps de papy et Jim est entré dans la maison. En levant les yeux vers le ciel, j'ai vu les buses tournoyer. Je pensais qu'elles ne faisaient ça que dans les mauvais films. Puis soudain, elles ont été des centaines de points noirs dansant dans la lumière et mon cœur a explosé dans ma poitrine et quelqu'un tout près a hurlé de terreur, mais il ne m'a pas fallu longtemps pour comprendre que c'était moi parce que je voyais mon visage reflété dans les vitres, mon regard fou et ma mâchoire contractée, et puis le verre a disparu dans un tintement désespéré alors que je finissais de balancer une énorme chaise dans la porte-fenêtre en vociférant de douleur, tout à la fois spectateur de la scène, incapable d'y mettre un terme. Puis Jim est apparu et je me suis retrouvé assis jambes croisées sur la véranda à pleurer, la tête entre les mains.

Un peu après, Jim m'a tendu une boîte de Kleenex que j'ai utilisés pour sécher mes larmes et me moucher.

Le calme retrouvé, j'ai pu recommencer à réfléchir. Tout le cirque et les ennuis à venir, l'enterrement, les arrangements, les avocats, parce qu'ils viendraient même pour ce pauvre papy, le choix d'une tombe, l'achat du cercueil, toutes ces conneries. J'ai pensé qu'il aurait peut-être mieux valu ne pas le voir allongé là et laisser les oiseaux se régaler. Cela aurait été plus simple, plus hygiénique et moins cher, et ça n'aurait pas dérangé papy qui n'était plus là, il suffisait de regarder le corps pour voir qu'il n'y était plus.

Le sentiment d'angoisse a reflué petit à petit. Je me disais : bon, en même temps, c'est une belle mort après une longue vie, là dehors à maugréer au sujet des parasites sur les arbres et bam, ni vu ni connu j't'embrouille, pas de souffrance à rallonge, pas un jour alité, papy qui détestait qu'on s'occupe de lui, et maintenant, sûr qu'il avait évité tout ça, lui qui aimait se lever dès potron-minette, comme il disait, et *se lancer*, *s'y mettre*, et maintenant, sûr qu'il n'aurait pas à rester au lit pendant que les autres se lanceraient sans lui. C'était une belle mort. Pas de vulnérabilité, pas d'humiliation, pas de supplique.

J'ai tendu la main pour lui abaisser les paupières et ses yeux sont restés fermés. Je lui ai repoussé le bout de la langue dans la bouche, scellé les lèvres, et il a eu l'air en paix. Je suis allé dans la cuisine. Jim avait préparé six lignes de coke sur un miroir à dos d'ivoire qui appartenait à la cousine Mallie, et il me l'a tendu avec une paille rayée.

« Elles sont pour toi. »

J'ai tout sniffé et me suis senti mieux. On est retournés sur la véranda. Le soleil était assez haut pour laisser une moitié de l'espace à l'ombre, alors nous avons tiré deux chaises vers papy et nous nous sommes assis. L'après-midi était toujours aussi paisible. Les oiseaux avaient disparu, devinant peut-être qu'ils n'auraient pas de chance sur ce coup, je ne sais pas, et le ciel était aussi bleu que vide. Nous sommes restés là un moment sans parler. J'ai encore pleuré une ou deux fois et j'ai dû rentrer me moucher en me disant combien c'était bizarre, j'étais capable de penser à papy très calmement, que sa mort était normale, qu'il fallait bien que ça arrive un jour et que celui-ci était aussi bon qu'un autre, et puis les larmes me débordaient des yeux et je poussais des espèces de cris, je restais à ma place accroché à ma chaise en train de brailler jusqu'à ce que la morve me coule du nez, et puis je me levais et me dirigeais vers la salle de bains. Jim n'a pas fait attention à moi ; il n'a pas bougé, il regardait le paysage et se balançait sur sa chaise comme s'il avait vécu là toute sa vie. J'ai fini par émerger de la maison, le visage propre et le nez mouché pour la quinzième fois au moins, et j'ai dit :

« Terminé. » Je me suis rassis. Jim m'a proposé une canette de bière.

« Non merci. » J'ai gloussé. « J'essaye d'arrêter.

— Peut-être qu'on devrait enterrer papy.

— Qu'est-ce que tu veux dire ? ai-je demandé, mais je voyais très bien ce qu'il voulait dire.

— Tu sais, on lui choisit un joli petit coin du côté des arbres, on creuse un trou, et on l'enterre. Il y a du champagne dans le frigo.

— Je sais. C'est le mien. Les autres n'y touchent jamais.

— On serait pas obligés d'en parler à qui que ce soit. C'est vrai, après tout ça regarde personne, à part papy…

— Et il n'est plus en état de se plaindre. Et la famille ? On va leur voler l'enterrement.

— La belle affaire ! » Je lui ai pris une gorgée de sa bière.

« On pourrait leur raconter des craques.

— Papy s'est enfui.

— Avec une visiteuse de la Compagnie Avon, une grosse dame et sa valise pleine de cosmétiques, ai-je ajouté.

— Papy lui est apparu, elle est apparue à papy…

— Et depuis, personne ne les a revus.

— Une personne portée disparue de plus.

— Pendant ce temps, il sera sous terre, à l'abri.

— À l'abri des dames de chez Avon et des pompes funèbres.

— Des buses et de la famille.

— Et puis merde, on le fait.

— Papy serait passé à l'action depuis longtemps…

— Tu sais quoi ?

— Quoi ?

— Il est mort avec ses bottes aux pieds. »

Ça me reprenait, je vagissais à nouveau et je suis rentré jeter des objets à travers la cuisine. Jim a patienté dehors jusqu'à ce que j'aie mis un beau bordel et que je me sente mieux.

J'ai commencé à tout nettoyer, mais Jim m'a arrêté, il voulait que je le laisse faire, alors je me suis exécuté, j'ai ouvert une bouteille de champagne et j'ai fumé un joint sur la véranda à côté de papy. J'entendais Jim ranger, balayer le sol jonché de tout ce que j'avais cassé, chantonnant l'une de ses maudites chansons qui disait le bonheur d'être amoureux par une journée si merveilleuse. Même après toutes ces années et malgré ce qui venait de se passer, c'était toujours quelque chose d'entendre Jim trouver la bonne tonalité, sans être le plus grand chanteur du monde pour autant, mais un type qui chantait juste, y mettait du cœur et vous rendait heureux d'en être le témoin.

Je me suis demandé où enterrer papy, et au bout d'un moment, je suis parti d'un grand éclat de rire, ce qui a poussé Jim à passer la tête dehors : « Qu'est-ce qui te fait rire ?

— J'étais seulement en train de penser que le seul endroit sur cette foutue montagne où on peut creuser plus de deux centimètres est précisément là où papy s'est effondré.

— Tu veux dire qu'on l'a transporté jusqu'ici pour rien ? »

L'enterrement en lui-même s'est bien déroulé. On a sorti les pelles à long manche de sous la véranda, j'ai pris la couverture en patchwork préférée de papy que sa femme avait confectionnée avant qu'elle ne meure, je crois, il y a très longtemps, on a enveloppé papy dedans et on l'a porté jusqu'au verger et puis on lui a creusé son trou. Il devait y avoir environ quinze centimètres de terre arable en mottes, et en dessous, une terre jaunâtre meuble, assez facile à creuser. La nuit était déjà tombée quand on a finalement descendu papy dans le trou et qu'on a commencé à le recouvrir. La lune avait presque entièrement émergé au-dessus de la vallée au moment où on terminait de tasser la terre. On avait bu tout le champagne ou à peu près. J'ai brandi la dernière bouteille au clair de lune.

« Il en reste assez pour un dernier toast », ai-je dit. On a pris une gorgée chacun. J'avais le corps couvert de sueur, les cloisons nasales douloureuses à cause de la cocaïne, mais sous la lune, tout paraissait sinistre et merveilleux.

« Papy, ai-je déclaré, il incarnait l'esprit du grand Ouest.

— Le dernier cow-boy.

— Un vrai fermier indépendant.

— Tu veux que je te dise un truc ? Et s'il te plaît, ne le prends pas mal.

— Promis. Quoi ?

— Je crois qu'on devrait danser sur sa tombe. Pas comme une sorte d'insulte…

— Je comprends.

— Tu vois, plutôt du genre à célébrer toutes les tombes sur lesquelles il a dansé durant sa vie… »

Mais je tendais déjà les mains et Jim les a prises, et légèrement, pendant qu'il fredonnait *La Hora*, nous avons dansé sous la lune. Cette musique n'était pas vraiment appropriée, simplement ce qui était venu à l'esprit de Jim. Il a fredonné de plus en plus vite, on a dansé de plus en plus vite jusqu'à ce que j'aie le tournis et que je m'effondre. J'ai regardé Jim finir la danse de son côté, les yeux fermés, mains en l'air, gravitant lentement autour de la tombe et de l'abricotier. De *La Hora*, il était passé à un simple : « *Ah-yah ! Ahhh-yah ! Ahh-yahh !* »

Plus tard, on a rapporté les pelles à la maison, Jim est allé se coucher et a même réussi à dormir pendant qu'assis dans le salon à la vieille table en rotin près des fenêtres, j'écrivais une lettre à mon cousin Harold où je lui racontais ce qu'on avait fait et où on avait enterré papy. S'il voulait, je pouvais revenir pour de vraies funérailles, mais bizarrement, après que Jim et moi sommes retournés à Hollywood, Harold a appelé pour me dire que la famille avait organisé sa petite cérémonie à elle, que deux hommes et Harold avaient un peu mieux couvert la tombe et que rien d'autre n'était prévu. Encore ce bon vieux tact surprenant de l'Oklahoma, peut-être.

*

La voiture de location de Jim était une petite météorite noire conçue pour rouler à tombeau ouvert pendant deux ans avant d'exploser en vol. Le lendemain matin, des potron-minette et des poussières, on a grimpé dans la voiture et on est descendus de la montagne. J'avais laissé mon mot là où la famille pourrait le trouver. Jim l'avait lu et approuvé en prenant son café. N'ayant dormi que sept heures en trois jours, Jim a dû se repoudrer un peu le nez pour se réveiller ; ce que j'ai fait moi aussi. C'était un jour de ciel bleu, agréable et chaud, et nous dégringolions la vallée pour rejoindre le raccourci de Black Point. Nous n'avons pas parlé ni allumé la radio, Jim au volant pendant que je regardais le paysage, ce qui n'arrivait jamais puisque en général, c'était moi qui conduisais. Je me suis demandé si ce serait mon dernier voyage vers Hollywood, mais je n'ai pas abordé le sujet avec Jim. Il connaissait mes sentiments et moi les siens.

Après Black Point, nous avons longé des marécages, la route construite sur une élévation naturelle, cap à l'ouest vers les chaînes côtières où l'on emprunterait la 101. Ces marécages étaient envahis de toutes sortes de roseaux, de carouges à épaulettes, d'oiseaux blancs à longues pattes et long bec, des grues ou des aigrettes, dans ce genre, des oiseaux beaux à mourir, qui pataugeaient au ralenti dans quelques centimètres d'eau. Je n'ai fait que les apercevoir tellement on allait vite, Jim roulant entre cent et cent vingt kilomètres heure. La circulation était fluide pour cette heure de la journée, et nous avons doublé un ou deux camions de fermiers à toute blinde.

« Sans doute la dernière deux-voies d'Amérique », a remarqué Jim.

Au même instant, un gros pick-up blanc Chevrolet est arrivé comme un boulet de canon, nous a dépassés et j'ai vu un truc bizarre :

« Mais qu'est-ce qu'ils foutent ? » ai-je demandé.

Ils avaient sorti quelque chose par la vitre côté passager, j'ai entendu un *clac !* et j'ai juste eu le temps de voir un oiseau blanc être projeté dans l'eau, les plumes éclaboussées par une tache rouge.

« Ils ont tiré sur l'oiseau », ai-je hurlé. Un autre claquement a retenti et, regardant à nouveau devant moi, j'ai constaté qu'ils avaient sorti des fusils des deux côtés du véhicule. Jim a accéléré.

« Sales merdeux ! » a-t-il beuglé. Notre petit bolide a accéléré si brusquement que j'ai cru que ma nuque allait se briser.

Jim s'est mis au niveau de la Chevrolet. J'ai baissé ma vitre et j'ai jeté un coup d'œil à la cabine, au canon du fusil, au chapeau de cow-boy en paille, au visage informe et idiot du jeune paysan derrière le volant. Ils étaient trois là-dedans, et le petit con assis à côté du conducteur s'est avancé et a souri en dévoilant bien toutes ses dents et ses gencives.

Ils ont à peine eu le temps de nous reconnaître que Jim a envoyé la voiture de location heurter brutalement l'aile du pick-up, le métal hurlant sous l'effet du choc, et le pick-up a rué comme un cheval pris de panique, a dérapé sur le bas-côté gravillonné le long des marécages et a fini sa course dans l'eau.

Je me suis retourné assez rapidement pour voir le pick-up se coucher sur le côté dans l'eau noire et boueuse en produisant une gerbe répugnante avant de sombrer très vite. C'est un miracle que le conducteur ait réussi à ne pas envoyer le véhicule se fracasser sur la berge et à ne pas tuer tous ses passagers. J'étais persuadé qu'ils allaient bien, à part un ou deux bras cassés, peut-être, et de toute façon, je m'en foutais complètement.

« Allume la radio, a dit Jim.

— Sacrée bonne idée. »

*

Le problème quand on allume la radio en voiture avec Jim, c'est que soit il devient maussade à cause de ce qu'il entend (j'imagine), soit il se met à chanter par-dessus les ondes, surtout quand c'est l'un de ses standards, et si vous vous imaginez que c'est la veine absolue de voir l'une des stars de la variété chanter en harmonie avec elle-même, croyez-moi sur parole, ça n'a rien d'une partie de plaisir. D'abord, il faut arborer un sourire figé et agiter la main ou tapoter le tableau de bord pour montrer que vous jouez le jeu, sinon Jim changera de station au milieu de la chanson – « Ça te plaît pas ! » – et il faudra tout recommencer à zéro, ou bien il éteindra la radio et roulera à soixante à l'heure dans un silence de mort, et à la seconde où vous voudrez aborder un sujet quelconque, il se lancera a capella dans une nouvelle chanson ou un bout de chanson et ça sera reparti, à vous le sourire forcé, à vous de taper du pied, de remuer la tête et quand il hurlera : « Tu trouves pas ça *génial* ? », il faudra encore faire gaffe à votre réponse parce que selon, il risquera de broyer du noir pendant une heure ou de continuer à chanter des trucs affreux qui ne seront jamais enregistrés.

Ces fragments musicaux ne sont jamais ceux qu'il enregistre. Ils sont toujours très éloignés de son style, ce qui m'amène à penser que Jim n'est pas tout à fait à l'aise avec les ritournelles du genre « N'est-ce pas merveilleux d'être amoureux un jour comme celui-ci », même si ce sont celles qui rapportent le plus.

La vitesse à laquelle roule Jim dépend plus de sa disposition d'esprit que des conditions de circulation, ce qui ajoute un zeste de suspense au périple. En général, il est perdu dans ses pensées et conduit très lentement, assez lentement pour vous rendre dingue si jamais vous aviez le projet d'aller quelque part, et à l'instant où vous ouvrez la bouche pour lui demander d'accélérer ou de faire plus attention à la route, il entonnera une chanson et la voiture se mettra à faire du gymkhana à toute berzingue entre les camions et les voitures de police. La police laisse Jim tranquille. Quand des flics l'obligent à se ranger, il leur fait un numéro de charme et au final, évite l'amende. Jim ne joue jamais au plus malin avec eux, reste humble, modeste et poli, reconnaît toujours ses torts et s'excuse avec ce petit sourire qui vous donne envie de le serrer dans vos bras, et dans l'ensemble, les flics préfèrent avoir son autographe plutôt que de lui coller une prune.

Alors que nous dévalions la 101 vers le Golden Gate, Jim chantait avec lui-même l'histoire d'un amour qui se termine bien (forcément puisque la chanson passait à la radio) quand il s'est interrompu et m'a hurlé : « Dis voir, je connaissais une nana à Sausalito. T'es pas contre ? » et il est sorti de l'autoroute à Marin City en faisant une queue-de-poisson à un camion. Jim a évoqué la jeune femme avec enthousiasme, Linda ou Susan, elle s'appelait, et le super bon moment qu'ils avaient passé ensemble la dernière fois qu'il avait été dans le coin, et tandis qu'on longeait Gate Five et que j'essayais de me souvenir depuis combien d'années Jim n'avait pas mis les pieds à Sausalito, il a essayé de trouver la maison. On a remonté une rue, descendu une autre ; Sausalito est vallonnée. La radio était branchée sur KJAZ, on roulait vitres baissées et on venait de finir un joint alors je me sentais plutôt bien, même si Jim n'avait pas l'air de se souvenir de l'adresse. Deux fois on s'est arrêtés parce qu'il a dit : « Ça peut être qu'ici », deux fois on a poussé un gros portail en bois, traversé des jardins luxueux avec des rhododendrons, des azalées, des fuchsias dégoulinants, des orchidées, etc., avec des oiseaux moqueurs et des pinsons qui chantaient à tue-tête en plein soleil, et de gros geais qui criaient ; on s'est avancés jusqu'à de grandes vérandas, on a frappé aux portes, mais aucune de ces maisons n'était la bonne, et après une heure d'errances malheureuses à travers les collines, Jim a fini par lâcher : « Peut-être qu'elle a déménagé » et on est redescendus au Caledonia pour acheter de quoi manger. Jim l'avait mauvaise.

« Je me demande bien où elle a pu aller, bon sang », a-t-il dit tandis qu'on arpentait le grand magasin d'alimentation. On voulait prendre des fruits et faire des provisions histoire d'avaler quelque chose sur la route de l'aéroport au lieu de « perdre du temps » dans un restaurant. Pauvre Jim.

Malgré tout, s'arrêter dans ce magasin s'est révélé une bonne idée parce que pendant que j'examinais les pommes reinettes, Jim nous a débusqué deux femmes. Elles s'appelaient Lucie et Mimi, probablement mères au foyer, en tenue de tennis, et elles faisaient leurs courses.

Lucie était une grande blonde avec des seins incroyables et Mimi une petite brune très sexy avec des jambes parfaites. De toute évidence, Mimi était faite pour moi, vu la façon dont elle n'arrêtait pas de me regarder avec ses yeux espagnols chauds comme la braise et cette expression qui disait :

« Relax, tu vas obtenir exactement ce que tu veux », tout ça tandis que Jim et moi plaisantions et les aidions avec leurs achats. En sortant, Jim a proposé de les raccompagner, mais bien sûr elles avaient une voiture alors Lucie a dit : « Vous pourriez toujours venir chez moi prendre le café », invitation que nous avons acceptée. Il n'y avait que quelques rues à parcourir. Le seul commentaire de Jim a été : « Deux jolies petites tomates », et j'étais d'accord avec lui.

L'appartement était tout en poutres et vastes surfaces de lino bleu, plus une terrasse aussi charmante que confortable dotée de meubles de jardin en séquoia comme les miens. Elle donnait sur la petite baie et au-delà, sur Tiburon. Les arbres qui se dressaient sur le côté du bâtiment offraient une belle intimité à la terrasse où nous avons pris le café. Mimi m'a tendu une tasse avant de s'asseoir près de moi et de temps en temps, elle m'envoyait une œillade troublante de son regard sombre et expressif. Nous avons répondu à leurs questions sur le show-biz par des blagues, nous les avons fait rire et les avons diverties le temps de boire chacun deux ou trois tasses de café, et dix minutes après la disparition de Jim et Lucie au fond de l'appartement, j'ai su que l'heure de l'amour avait sonné. J'avais une envie de pisser monstrueuse. Je me suis excusé et suis allé à l'intérieur où j'ai trouvé la porte de la salle de bains ouverte et celle de la chambre fermée.

J'entendais le murmure des voix en provenance de la chambre, mais ça ne m'a pas mis en condition pour autant. En fait, j'étais plutôt nerveux. Il suffit à Jim de regarder une femme pour qu'elle fonde sur place. Face à n'importe quelle femme, il peut se permettre les remarques les plus épouvantables et elle se contentera de rire et de rougir, et ne sera jamais choquée alors qu'elle le serait si moi, je m'exprimais de la sorte. Dans des ascenseurs, j'ai entendu Jim dire à de vieilles peaux : « Ma jolie, crois-moi, ça me dérangerait pas que tu me suces ! » avant de sourire, et elles, les yeux dans les yeux, au lieu de lui en coller une ou d'appeler la police, elles rejetaient la tête en arrière en éclatant de rire, et quand on sortait de l'ascenseur, ils papotaient comme de vieux amis. Je ne sais pas à quoi c'est dû. Une femme m'a expliqué que Jim n'a pas une once de méchanceté en lui quand il dit ces choses-là et qu'on sent qu'il aime vraiment les femmes, mais il doit y avoir autre chose.

Bref, j'étais nerveux en sortant des toilettes et je savais qu'il fallait que je tente quelque chose avec Mimi si je ne voulais pas lui faire la conversation, sachant bien tous les deux ce qui se tramait dans la chambre, sans compter qu'elle serait sans doute déçue que je ne tente *rien* – qu'elle veuille de moi ou pas – même si bien sûr, je n'étais pas totalement certain d'atteindre mon objectif, si vous voyez ce que je veux dire.

Mais tout s'est bien déroulé. En revenant sur la terrasse, j'ai trouvé Mimi seins nus, allongée sur une chaise longue. Je me suis assis à côté d'elle et je lui ai parlé en lui caressant les cheveux jusqu'à ce qu'avec un joli sourire, lèvres entrouvertes, elle se tourne vers moi. Elle aussi avait des seins sublimes. Dieu et la nature se sont chargés du reste.

Mimi et moi avons passé un moment très revigorant, après quoi elle m'a parlé de ses deux petits garçons inscrits au Country Day School, de la très bonne situation de son mari, leur bateau, leurs deux voitures, le petit chalet à Alpine Meadows et les sorties en raquettes à travers les High Sierras qu'ils feraient quand les garçons seraient assez grands, le chant des baleines, et d'ailleurs, comment les Japonais et les Russes pouvaient-ils tuer des animaux pareils, et la fois où elle avait battu Herbert Gold au tennis, et puis aussi la vitamine C et la rhinopharyngite. J'étais allongé les yeux fermés quand elle a dit : « Je crois que je vais aller voir ce qu'ils font », et je l'ai sentie qui se levait, me laissant de la place pour m'étirer. J'avais le soleil sur les jambes, ce qui était agréable alors je n'ai pas bougé, mais au bout de vingt minutes environ, je me suis rendu compte que Mimi n'était pas revenue et que ce fils de pute de Jim devait donc se les taper toutes les deux.

Je me suis habillé et suis sorti me balader. Je suis descendu vers Bridgeway, j'ai parcouru la marina en longeant les promenades de planches qui donnaient sur les centaines de voiliers en cale sèche. Un instant, j'ai pensé à mon grand-père qui n'était sans doute jamais monté sur un voilier de sa vie, mais petit à petit, je suis passé à autre chose. Il y avait des filles en short et tee-shirt auxquelles penser, et puis j'ai quitté la marina et me suis engagé dans une rue commerçante au milieu des touristes, mains dans les poches, tranquille. Jim ne peut pas se le permettre parce que les gens le reconnaissent tout de suite et s'agglutinent autour de lui, désireux d'emporter un morceau de lui, j'imagine. Ça ne m'arrive quasiment jamais. Je ne veux pas que ça m'arrive et j'ai l'impression que les gens le comprennent, sauf le connard de poivrot qui sera toujours sidéré de constater que vous êtes plus petit en vrai qu'en photo, mais Jim les attire comme des mouches et ne peut pas mettre un pied dans un drugstore pour s'acheter une paire de lunettes de soleil sans créer une émeute. C'est peut-être à cause de ça que je ne supporte pas qu'on m'importune, que j'ai la réputation d'être froid, et que Jim est passé maître en matière de diplomatie, se tirant des situations les plus inconfortables et compliquées qu'on puisse imaginer.

Je suis allé jusqu'au Trident, à l'extrémité nord de la ville, où je me suis offert une part de *carrot cake* accompagnée d'un grand verre de jus de pomme et je suis retourné chez Lucie. J'étais sur le point de sonner quand Jim s'est penché au balcon et m'a lancé : « Je descends dans une seconde. » Je l'ai donc attendu.

« Allez, on file », a-t-il dit.

On s'est extirpés de Sausalito lentement, Jim silencieux, concentré sur sa conduite, et on a traversé le Golden Gate.

« Ce putain de pont est à tomber par terre », a-t-il remarqué à mi-chemin. Un banc de brouillard stagnait le long de la côte, mais au-dessus du pont, le ciel était bleu, clair et ensoleillé, la ville blanche et luisante comme un bonbon d'un côté, et les navires en contrebas qui voguaient en quête d'océan et d'aventure – difficile de croire que tous ces marins ne visaient pas l'aventure, à mettre ainsi le cap sur le grand large.

*

On s'est chamaillés au sujet du trajet le plus court pour rejoindre l'aéroport. D'après moi, il fallait prendre la sortie de la 19e Avenue et Park Presidio pour couper les grandes artères et attraper la 280, qui à cette heure de la journée est pratiquement déserte. Jim a préféré Bloody Bayshore parce que dans son souvenir, les avenues étaient casse-couilles si jamais vous ratiez l'onde verte, ce qui nous retarderait, etc. etc., mais ces chamailleries étaient sans conséquence. Jim conduisait, donc on a dépassé la sortie de la 19e Avenue et pris Lombard Street.

« Si on s'arrêtait déjeuner au Enrico's ? », a-t-il proposé.

Le sac de fruits, les bonbons et le soda étaient encore à l'arrière de la voiture, mais je ne me suis pas donné la peine de dire quoi que ce soit. Ça ne me dérangeait pas d'aller au Enrico's ; ça faisait un bail et j'aimais l'endroit. Et puis la sortie Broadway conduisait directement à Bayshore, donc c'était sur le chemin.

Jack a garé la voiture dans le parking attenant après nous avoir salués chaleureusement ; Jack gérait encore le parking après tout ce temps. Jim et moi avions fait nos débuts dans le quartier de North Beach et nous y connaissions pas mal de monde.

Enrico's est un café sur une grosse artère empruntée par les routiers, si bien que quand vous vous asseyez à l'une des tables en marbre à siroter votre expresso, d'énormes semi-remorques font gronder leur moteur en changeant de vitesse et les estropiés du quartier titubent sur le trottoir.

La plupart des comédiens qui viennent à San Francisco passent du temps au Enrico's ; d'abord parce que personne ne vous y embête et ensuite parce que le café est ouvert jusqu'à trois ou quatre heures du matin, même s'ils ne servent plus d'alcool après deux heures. Je me suis avancé sur la partie terrasse, mais assis à l'une des tables, j'ai aperçu Grimaldi, Pierre Grimaldi, Oncle Peter, pareil à un petit pantin avec son béret, sa tremblote et son double Martini.

« Oncle Peter ! me suis-je exclamé et je me suis approché.

— Ah, bon Dieu de bois, si c'est pas machin chose, Dick Ogilvie », a marmonné Grimaldi et il a tenté de se mettre debout. Je l'ai repoussé pour qu'il reste assis. Il était seul et avait une mine affreuse, l'air vieux, fripé, tremblant, le menton constamment agité. Mais comme toujours, il se tenait très droit, ses vieilles mains croisées sagement à la base de son Martini, le regard pétillant. « Comment ça va, vieux fils de pute ? Où est docteur Jim ? »

Jim, qui venait d'apparaître au coin de la rue, nous a repérés et a affiché son grand sourire étincelant. Il a serré Grimaldi dans ses bras, l'a embrassé, jeté un coup d'œil sous son béret, bu une gorgée de son Martini et plus généralement, a permis au vieux schnock de se sentir traité comme le roi d'Angleterre.

« Grimaldi, vieux chameau, je te croyais mort.

— Je *serais* mort si je laissais faire les, hum, femmes », a dit Grimaldi lentement.

Enrico est sorti du café pour venir nous serrer la main.

« Salut, le rital, a-t-il dit à Grimaldi.

— Mais bon sang, je suis pas rital. Je suis suisse, bordel. » Mais Enrico, un comparse et les deux chiens qui étaient arrivés à sa suite avaient disparu avant que Grimaldi n'ait terminé sa phrase. Il avait toujours parlé lentement, mais son débit avait encore ralenti. À la grande époque où il avait son club, Grimaldi se baladait toujours avec au moins une jolie fille au bras, alors même qu'il avait la cinquantaine passée et qu'il commençait à chanceler sous le double effet de la biture et du tabac. « J'ai descendu plus de kérosène que tu n'as bu d'alcool », a-t-il lancé un jour à un petit con qui l'avait traité de haut au sujet du nombre de Martini qu'il avait sifflés. C'est dans son club que Jim et moi avons joué le premier spectacle qui nous ait rapporté assez pour vivre.

Jim avait fait ses débuts dans l'orchestre. Mais c'était il y a très longtemps.

Désormais, Grimaldi n'avait plus de club. Il l'avait vendu pendant le boom immobilier qu'avait connu North Beach, juste avant que la folie des bars topless transforme Broadway en zone de conflit, et contrairement à beaucoup de grosses huiles qui gagnaient du fric grâce à leurs night-clubs, lui a mis son argent de côté pour acheter deux ou trois immeubles d'habitation sur Russian Hill. « Remplis de Chinois, m'a-t-il expliqué avec un sourire tremblotant. Ils me payent en or, ils le pèsent tous les vendredis soirs, on trinque avec un verre de Ng Ga Pei et tout le monde est content.

— Je pense qu'on devrait s'offrir une tournée de Martini », a dit Jim. Il a passé commande au serveur et s'est à nouveau tourné vers Grimaldi : « Qu'est-ce que tu fais pour la baise ?

— Mais qu'est-ce que tu crois, Jim ? Comme j'ai toujours fait. Je me balade dans North Beach avec un billet de cent qui dépasse de ma poche. » Après quelques blagues un peu velues, Grimaldi nous a raconté qu'il vivait avec une gosse de vingt-trois ans. « Elle dit qu'elle est coréenne, mais je ne la crois pas.

— Elle est quoi, à ton avis ? ai-je demandé.

— Comme les autres. Hum, chinoise. » Il a sorti son briquet, un vieux Dunhill en or qui avait tellement servi qu'il brillait comme une amulette. J'ai dû voir Grimaldi pratiquer ce rituel cent fois, mais maintenant, ça lui prenait une éternité : sortir le briquet, le déposer sur la table en marbre, sortir de sa poche intérieure son antique porte-cigarettes en ivoire taché, le triturer, souffler à travers le fût, s'assurer qu'il est propre, et puis retirer un paquet de Benson & Hedges de la poche de son blazer, l'ouvrir, prendre une cigarette et lentement, la visser dans le porte-cigarettes, les deux mains agitées de tremblements à vous rendre hystérique, et enfin, glisser le porte-cigarettes entre ses lèvres et allumer le briquet.

Des civilisations entières auraient le temps de connaître leur apogée et de disparaître avant que Grimaldi n'allume sa cigarette. Grimaldi, ce vieux solitaire qui arpentait les rues de North Beach, avait ses pauses réglementaires, au Gino & Carlo's pour son premier verre de bière le matin, un peu plus bas, au Trieste pour son expresso et la lecture du journal, et puis de l'autre côté de Columbus, vers la section de Grand Street qui fait partie de Chinatown, errant lentement d'une boutique à l'autre, achetant provisions et articles divers pour la journée avant de remonter les escaliers de Washington Street vers l'appartement en dernier étage où il gardait sa collection de verres Tiffany et de peintres locaux, une collection censée valoir des centaines de milliers de dollars, mais je n'en sais rien, je ne l'ai jamais vue, après quoi, il passait le restant de l'après-midi et ses soirées dans les saloons, à moins que sa relation avec la Chinoise ne soit vraie, mais bien sûr il n'y avait aucun moyen de le savoir, et peu importe parce que Grimaldi était un type qui comptait, qui avait lancé un tas de projets, dont le nom apparaissait sans cesse dans les journaux, qu'on interviewait à la télé, mais maintenant qu'il n'avait plus son club, cette époque était loin derrière lui.

Nous avons bu deux Martini chacun, le café grondant des conversations de la foule qui déjeunait tardivement, et puis le serveur est venu à notre table me prévenir qu'on me demandait au téléphone. Jim lui a lancé un regard bizarre, et je suis allé au bar prendre l'appel.

C'était le studio. Comment ils nous avaient trouvés, grande question. Je leur ai dit qu'on était en route et ils m'ont seriné qu'ils n'étaient pas inquiets, que tout allait bien, alors qu'évidemment, ils étaient morts de trouille parce que nous étions en retard, même si pas tant que ça, ou disons en retard sur le planning qui nous autorisait à être en retard, juste un peu. Ces quelques jours ne coûteraient pas trop cher à la production, mais si on était vraiment à la bourre, disons d'une semaine, alors le sang commencerait à couler, soixante salariés désœuvrés mais payés suffisent à faire péter les plombs à n'importe quel superviseur de production. Mais nous n'étions pas si en retard que ça, et je leur ai dit de ne pas s'angoisser, qu'on déjeunerait ici avant de sauter dans un jet pour Los Angeles dans l'après-midi.

Lorsque je suis revenu à la table, Grimaldi était seul. J'ai vidé mon Martini et alors que j'examinais le menu, il m'est venu à l'esprit que Jim n'était peut-être pas allé aux toilettes.

« Où est Jim ? j'ai demandé à Grimaldi.

— Il a descendu la rue », a répondu le vieil homme.

J'ai commandé des crêpes aux épinards et un autre Martini. Le temps que je termine de déjeuner, Grimaldi s'en était allé de son côté, avançant sur Broadway à une vitesse de trente centimètres minute, et Jim n'était toujours pas revenu. J'ai payé l'addition et suis parti. La voiture étant toujours dans le parking, j'ai fait un tour à la librairie de littérature cochonne ouverte toute la nuit, et puis j'ai traversé pour aller chez City Lights Books, et Discovery dans la foulée, où j'avais travaillé à l'époque, quand ce n'était encore qu'une boutique de rien du tout. Je n'ai reconnu aucun des gamins qui bossaient au milieu des livres et des disques d'occasion alors j'ai poursuivi ma promenade, suis passé devant ce qu'avaient été les Hungry i, Purple Onion, Grimaldi's et seul l'Onion existait encore, mais je n'ai pas descendu la volée de marches, ça me faisait une impression trop bizarre, alors je suis remonté boire des bières au Vesuvio's.

J'avais fait de la comédie et du théâtre pendant mon service militaire et j'avais arrêté à cause du trac, mais voilà qu'à North Beach tout le monde semblait désormais engagé dans des projets formidables. San Francisco grouillait de jeunes poètes, de chanteurs folk, d'écrivains, de groupes de musique, de comiques ; à l'époque, Jim et moi avions mis au point un petit spectacle et Jim a supplié Grimaldi de nous laisser le tester sur du public. Malheureusement, Jim m'avait fait fumer avant d'entrer sur scène pour la première et en atterrissant sous les projecteurs, j'étais complètement défoncé. Je suis resté planté là sous les applaudissements polis et puis ç'a été le silence, des quintes de toux, des gens qui se dandinaient sur leur fauteuil, d'autres ont ri parce qu'ils trouvaient ça drôle et le reste de la salle a suivi, puis c'est retombé et ils ont attendu que je prononce un mot. Mais tout ce que je pouvais faire c'était les reluquer et essayer de me rappeler où était ma bouche, et ça aussi, ils ont trouvé ça hilarant, ça a fait un tabac, il y a eu des applaudissements et tout, avant un énième silence et là, Jim a compris ce qui m'arrivait.

« Qu'est-ce qui se passe ? T'as perdu ta langue ? » Il a chanté une ou deux chansons, m'a parlé, a raconté des blagues, charmé les spectateurs quasiment un à un, et finalement, j'ai dit à Jim : « Merci » et le public a tout gobé.

Du coup, Grimaldi nous a laissés revenir le lendemain soir avec de petites modifications, mais une trame similaire, et les gens ont ri. Dix jours plus tard, Jim remisait sa trompette.

Je suis retourné au Enrico's où j'ai continué mon régime à la bière et vers dix-neuf heures, Jim est reparu.

« Tu te sens en état d'aller à un dîner ? m'a-t-il demandé.

— C'est-à-dire ? »

Apparemment, il y avait cette actrice.

*

La demeure des diMorro était située très haut sur Broadway dans le quartier de Pacific Heights, à l'extrémité ouest de San Francisco, juste avant le brouillard. Pendant qu'on essayait de découvrir où était la sonnette, un majordome chinois nous a ouvert et nous a lancé un regard mauvais jusqu'à ce que l'hôtesse arrive et nous invite à entrer. Elle s'appelait Bianca diMorro, même si nous avons appris plus tard qu'elle n'était qu'une de ces filles de San Jose aux jambes interminables. Ses amis l'appelaient Binnie.

La maison ne manquait pas de charme et on voyait bien qu'à l'intérieur tout était authentique, des tableaux de Gainsborough ou de Picasso à la sculpture de Rodin représentant Balzac en train de faire dans son froc (c'était l'impression qu'il me donnait). Pour être honnête, il a fallu que quelqu'un me le dise pour que je sache qu'il s'agissait de Balzac. La plupart des hommes présents portaient des costumes bleu foncé, les femmes des robes qui traînaient par terre, et tout cela était très festif et plaisant, surtout quand on pense que Jim et moi avions occupé notre début de soirée à s'enfiler des bières au Enrico's et que nous avions pris certaines précautions pour éviter de nous endormir pendant le repas, si vous voyez ce que je veux dire.

La fête était organisée par un petit Italien qui se tenait dans un coin du salon près de Balzac et arborait un sweat-shirt bleu clair sous une veste en velours marron et portait des lunettes à monture dorée qui lui arrivaient au-dessus des sourcils, qui eux se hérissaient en surplomb de son nez comme deux ailes. Je n'ai jamais bien compris son nom, mais j'ai découvert qu'il était en Amérique pour tourner un film, et que ses deux stars, dont une certaine actrice, comptaient parmi les convives. Comment Jim avait obtenu cette invitation, je n'en sais rien, mais il semblait en bons termes avec presque tous les gens présents. Contrairement à moi. Je ne connaissais personne, ce qui m'a mis un peu mal à l'aise. Je me suis assis en retrait et j'ai dorloté mon brandy à l'eau pendant que les autres riaient, bavardaient et passaient de groupe en groupe.

L'actrice que Jim avait dans le viseur était une grande blonde habillée pour tuer : robe légère en soie grise assortie à ses yeux qui, en revanche, n'avaient rien de doux. Je me suis amusé à la regarder parler à des types, tous millionnaires, on aurait dit, et j'ai vu Jim cheminer vers elle et amuser la galerie ; mais rien de ce qu'il disait ne semblait retenir son attention, et autant que j'ai pu en juger, Jim ne l'impressionnait pas le moins du monde, ce qui m'a plutôt satisfait. Personnellement, je me serais gardé de lui sortir le grand jeu, elle n'était pas mon genre, je l'avais compris à la seconde même où on avait été présentés. Premio, elle faisait au moins six centimètres de plus que moi, et deuzio, elle a eu un mouvement de recul flagrant quand elle a respiré au passage une bouffée de mon haleine et semblé tout juste capable de se reprendre pour m'offrir un semblant de poignée de main. Et ses yeux avaient la couleur d'une grenouille venimeuse. Jim pouvait bien se la garder, s'il arrivait à la séduire. Ce qui, comme je l'ai dit, paraissait compromis.

Tout le monde enchaînait les verres, et au bout de deux heures, les domestiques chinois ont surgi de nulle part et ont dressé des tables dans deux pièces. Je me suis retrouvé à la table principale, grosse et ronde avec, de ma place, une vue sur le Golden Gate. J'ai dû participer à la discussion en cours mais je ne me souviens de rien, sauf du moment où le domestique m'a versé un verre de vin blanc tellement bon qu'il m'a fallu un bail pour m'en remettre, de loin le meilleur vin que j'aie bu de ma vie, et j'ai levé les yeux d'étonnement, sur le point de faire un commentaire sur *ce grand vin*, mais j'ai constaté que les autres se rinçaient le gosier sans rien dire, sans doute parce qu'ils buvaient ce genre de vin tous les jours que Dieu faisait. Alors en bon gars obéissant, j'ai vidé mon verre moi aussi, et quand le vin rouge est arrivé, il était tout aussi bon donc je l'ai descendu, et quand le champagne a débarqué, c'était le meilleur champagne que j'aie jamais absorbé et Dieu sait que j'en ai beaucoup bu, du champagne, mais je l'ai descendu l'air de rien comme les autres. Jim et l'actrice n'étaient pas à la même table ni dans la même pièce, et le petit réalisateur assis à ma droite m'a parlé en italien pendant une bonne partie du repas. Lui comprenait un peu l'anglais : quand une femme de la haute en face de nous m'a demandé pourquoi Jim et moi ne faisions pas de meilleurs films et que j'ai répondu par un : « On aimerait bien, mais le public nous en empêche », le réalisateur a ri et m'a pincé la joue. Ce qui me l'a rendu sympathique, et un jour, j'irai voir un de ses films si j'arrive à découvrir comment il s'appelle.

Pendant que les gens changeaient de table et parlaient le plus fort possible, Jim est venu me trouver et nous sommes sortis dans le couloir à la recherche de toilettes, qu'on a fini par trouver dans le grand vestibule, près de la porte d'entrée. Après nous être farci les narines, je lui ai demandé comment il s'en sortait.

« Trop tôt pour le dire.

— Donne-lui un peu de coke, deux Quaaludes et elle te tombera dans les bras, ai-je suggéré.

— Tu veux pas m'apprendre à gober un œuf, aussi ? » Il s'est aspergé le visage d'eau, s'est essuyé, et j'ai fait de même.

Plus tard dans le salon, alors que les convives étaient répartis en petits groupes, j'ai essayé de garder la trace de Jim mais sans y parvenir parce que les femmes, la plupart entre quarante et soixante ans, venaient s'asseoir près de moi pour bavasser. Au bout d'un moment, je me suis aperçu que Jim avait disparu, personne à l'horizon, invisible depuis plus d'une demi-heure. L'actrice se trouvait dans la pièce, assise sur une petite causeuse entourée d'une demi-douzaine de types en costume sombre à ses pieds ou vautrés sur le canapé, tous rougeauds et bourrés.

Mais il manquait notre hôtesse. Bianca diMorro et ses jambes interminables, belle paire de seins, jolie cascade de cheveux bruns, alors j'en ai déduit qu'elle devait être quelque part avec Jim. Notre hôte, George diMorro, était penché sur l'actrice. J'ai attendu encore trente minutes avant que Bianca réapparaisse, du côté de Balzac et du petit réalisateur qui parlait italien à trois mille à l'heure.

En me rendant aux toilettes près de l'entrée, j'ai jeté un coup d'œil au grand escalier double, avec ses tapis persans et j'ai aperçu Jim là-haut, arborant une expression solennelle à défaut de porter ses vêtements. Je l'ai rejoint.

« Il y a des toilettes à cet étage ? » ai-je blagué. Il a tourné les talons en silence et on a pris un couloir doté d'au moins quinze portes, ouvertes ou fermées, de chaque côté. Certaines laissaient entrevoir des toilettes, mais Jim a continué d'avancer jusqu'à ce qu'on atteigne un autre petit escalier. Je l'ai suivi dans une pièce qui servait manifestement d'appartement privé aux diMorro. On a passé une autre porte pour entrer dans une grande chambre tendue de soie. Les vêtements de Jim jonchaient le sol et le lit qui, bien que fait, avait les draps froissés et les oreillers jetés à terre. Jim s'est assis au bord, l'air mélancolique et solitaire. Je suis allé pisser dans la salle de bains et quand j'en suis ressorti, il était toujours dans cet état prostré, alors je me suis installé sur un canapé en face de lui.

J'allais dire : « Qu'est-ce qui se passe ? » quand Jim a parlé, d'une voix si basse que j'ai dû faire un effort pour l'entendre.

« Tout ça est tellement nul. Il y a des fois où j'en peux vraiment plus. » Il a poursuivi dans cette veine pendant un moment et je l'ai écouté, n'ayant pas grand-chose à lui répondre, mais j'ai acquiescé et fait signe que je comprenais ce qu'il me disait. La vie fait mal, la vie est chiante, se lever le matin revenait à s'extraire de sous un tas de gravats, etc., d'un coup, il s'est mis debout : « Faut que je te montre un truc », et il s'est dirigé vers une porte entrebâillée qu'il a poussée. Je l'ai suivi.

C'était un dressing, mais comme je n'en avais jamais vu, pas juste quelques rangées de vêtements suspendus à des cintres, mais des rangées et des rangées et encore des rangées, et comme si tout ça ne suffisait pas à accueillir toutes les robes et les tenues de soirée du monde, *au-dessus* de ces rangées de vêtements s'en trouvaient d'autres, tout un deuxième étage de rangées de vêtements ; et de l'autre côté, confectionnés dans ce même cèdre brut et sublime, il y avait des étagères, des compartiments et des présentoirs luxueux, remplis de piles de pulls, de chemisiers, de sous-vêtements de toutes sortes, et en dessous, des tas de chaussures alignées, si bien que Bianca diMorro n'avait qu'à pénétrer dans sa penderie le matin pour y trouver n'importe quel article imaginable. Ce sont les pulls en cachemire qui m'ont le plus fasciné. Elle en avait tellement d'entassés dans leurs petits compartiments en bois qu'ils étaient rangés par couleur, en allant du blanc le plus blanc au blanc normal, puis du blanc à peine teinté de bleu au bleu foncé, puis du rose si doux qu'il semblait presque blanc à des roses de plus en plus soutenus jusqu'à devenir rouges, et de ces rouges de plus en plus sombres jusqu'à paraître noirs, et ainsi de suite jusqu'à un compartiment uniquement rempli de pulls noirs ; je crois qu'il devait y avoir deux cent cinquante pulls en cachemire.

Pendant ce temps, Jim brandissait des sous-vêtements pas moins nombreux que les cachemires, caressait les combinaisons en soie, les soutiens-gorges, les culottes, etc. (rien ne manquait), et faisait parfois tomber un article par terre, sur une jolie moquette beige et épaisse, et puis il avançait, regardant partout autour de lui comme un gamin dans un zoo.

« La vache, un fétichiste du sous-vêtement en crèverait de pénétrer dans un endroit pareil », ai-je remarqué. Jim n'a rien répondu, il ne quittait pas les étagères des yeux, marmonnant pour lui-même, l'air aussi dégoûté que stupéfait.

« Tu sais quoi ? a-t-il dit au bout d'un moment. Il manque les manteaux, les vestes et les fourrures. Elle doit avoir un autre dressing rien que pour ça. »

C'était vrai. J'ai émis un commentaire sur ce qu'on pouvait faire avec de l'argent et un peu d'imagination, et Jim a grogné. « Merde. Vise-moi ce déballage. On pourrait à peine assurer ça un mois, avec nos revenus combinés.

— Ne sois pas amer.

— Je ne suis pas amer, je suis juste sidéré. Tout ce bordel m'ennuie et me rend malade. »

Nous étions sortis du dressing et Jim se rhabillait. Une domestique a passé la tête par la porte avant de disparaître rapidement. J'ai attendu Jim et on a descendu les escaliers pour dire au revoir à tout le monde. Pendant que je serrais la main de George diMorro, le majordome chinois patientait à moins d'un mètre de là – j'ai pensé qu'il allait nous escorter à la porte, mais il m'a expliqué que quelqu'un souhaitait me parler. Il s'agissait d'un homme de très petite taille, maigre et en livrée de chauffeur, casquette à la main. Il allait nous emmener. Le studio l'avait envoyé.

On a pris nos affaires dans la voiture de location de Jim et on les a fourrées à l'arrière de la limousine. Le chauffeur a dit qu'il se chargerait de rapporter le véhicule chez Hertz. Il allait nous conduire à l'aéroport pour qu'on essaye d'avoir le vol de minuit et demi, et si on le ratait, il nous descendrait à Los Angeles.

On a manqué le vol à une heure près, alors on a dormi dans la limousine jusqu'à notre arrivée à Hollywood.

*

« Nom de Dieu », a dit Jim en allumant la lumière.

Ma suite était remplie de fleurs, de panières de fruits, mais un employé de l'hôtel avait fermé les fenêtres et un autre avait mis le chauffage, si bien qu'il devait faire plus de trente-cinq degrés et que les fruits avaient commencé à coller à la Cellophane.

Je me suis débattu avec la fenêtre la plus proche jusqu'à ce que le battant cède d'un coup à cause de la rouille, manquant me projeter du haut des huit étages qui surplombaient Los Angeles. Je racontais ça pendant que Jim se brûlait les doigts sur la poignée de réglage du chauffage. Le téléphone de l'hôtel, pas ma ligne privée mais celle qui passe par le standard, a émis une longue, très longue sonnerie. J'étais tout nu, j'avais toutes les fenêtres ouvertes et Jim s'était débrouillé pour obturer les six petites bouches à vapeur avant que je réponde au téléphone qui, pendant tout ce temps, n'avait pas cessé de sonner. C'était la réception, j'avais du courrier et ils voulaient savoir si j'étais sorti ou pas. Je leur ai dit que j'étais sorti et j'ai demandé de me faire monter les missives même si je connaissais leur contenu avant même de les avoir lues. Chaque année, la même rengaine, tous les sous-agents nous envoyaient une lettre par coursier nous félicitant pour notre film, deux lignes tapuscrites au milieu d'une feuille de ce papier lourd et craquant qu'ils utilisent, une signature et les initiales de la dactylo en dessous. Une année, j'en ai reçu soixante en deux jours, toutes en provenance d'hommes que je n'avais jamais rencontrés et ne rencontrerais jamais. Cette fois il n'y en avait que quarante-six, mais le business des agences partait à vau-l'eau, à ce que j'avais entendu dire.

J'ai fait le tour de la pièce pour examiner les fleurs, les cartons et les panières de fruits. Il se trouve que je n'aime pas les fleurs coupées, mais personne parmi ceux qui m'envoient ces foutus trucs ne semble avoir enregistré le message. Jim et moi avons tout déposé dans le couloir à côté de l'ascenseur. Je me suis douché, lavé les dents et donné un coup de peigne, et au bout d'un moment, l'appartement a fini par être plus respirable. Jim était dans la chambre d'amis et je l'ai laissé tranquille.

L'appartement possédait deux terrasses, une première qui donnait sur la ville plate et polluée, la seconde à l'arrière avec une vue sur la colline arborée et les pavillons d'habitation. J'ai observé l'homme minuscule en veste blanche et pantalon noir qui arrosait une allée derrière l'hôtel. Avec une lenteur précautionneuse, un oiseau moqueur a récité son répertoire et, cachée au fond d'un boqueteau de pins obscurs, une chouette a poussé un dernier cri assoupi, satisfait. Il devait être neuf heures du matin et je me sentais plutôt bien. J'ai enfilé mes vêtements et suis descendu chez Schwab où je me suis installé au comptoir pour prendre un café.

Chez Schwab, la salle de restauration est divisée en box et ouvre à huit heures. Le comptoir est réservé à ceux qui n'ont pas assez d'amis pour remplir un box ou qui veulent être seuls pour une raison ou une autre. Un choix que quasiment tout le monde respecte ; si vous êtes au comptoir, vous voulez être seul. Si vous êtes assis dans un box, surtout si vous êtes assis seul dans un box, levant les yeux nerveusement chaque fois que quelqu'un passe la porte, vous voulez de la compagnie. Schwab sert beaucoup de comédiens et de comiques. Des gens qui jouent dans des séries télé entrent littéralement avec leurs lunettes de soleil sur le nez, suivis d'un entourage lui aussi très littéral. Ceux-là, il faut les saluer et leur sourire, et après tout, ils ont attendu plus de dix ans que le vent tourne en leur faveur, alors qui êtes-vous pour ne pas les saluer ?

Il y a des types qui n'ont pas travaillé depuis des années. Plus de lunettes de soleil, plus de nuée rieuse dans leur sillage. On en trouve toujours un paquet installé à table dans le même box juste à droite de l'entrée, et ce matin, ils viennent me voir au comptoir un par un, disent bonjour, la main qui me frôle le dos, et je souris, à moitié debout, je serre les mains, on échange quelques plaisanteries et ils retournent à leur place, tout le monde s'appelle par son prénom, chez Schwab. Dotty et Dorothy, Eddy, Bob, Jim, Jack, Jackie, Jackie et Jackie.

Deux tasses de café, un exemplaire du *L.A. Times*, une promenade paresseuse sur le chemin du retour en passant devant l'ancien site du Jardin d'Allah, une petite prière silencieuse aux fantômes dépravés de Bob, Scott, Dash, Des… jusqu'à la petite colline où se dresse l'hôtel, et à l'ombre de la terrasse pour lire le journal du matin et revenir dans le monde civilisé. J'avais assez dormi, mais dans la chambre d'amis, Jim rattrapait encore les jours perdus, et les types du studio, tout à la joie que Jim ait enfin regagné la place qui était la sienne, commenceraient à blêmir quand ils comprendraient que maintenant que nous étions là, il allait falloir nous mettre au boulot, et ça, ça voulait dire que les exécutifs en baveraient un bon moment avant de pouvoir pousser un dernier soupir et compter les bénéfices.

*

À dix heures, j'avais fumé un joint, j'avais apporté ma voiture au gros garage sur Sunset et l'avais fait passer dans un de leurs portiques de lavage, j'avais effectué de grosses courses de base au supermarché Ralph un peu plus haut sur le boulevard, j'étais revenu à l'hôtel, j'avais tout rangé et j'étais en train de préparer le petit déjeuner – trois œufs au plat frits dans du beurre, quatre tranches de bacon achetées chez le boucher, un muffin anglais coupé en deux, beurré et grillé à la limite du charbon, un jus d'orange frais et du café – quand j'ai entendu toquer à la porte de la suite. Ça ne pouvait pas être la femme de chambre. Elle ne frappait pas, mais sonnait et entrait, alors j'ai entrouvert la porte.

Et Karl Meador, notre producteur, se tenait là dans le couloir, les mains dans les poches :

« Salut, je peux entrer ? »

Apparemment, il avait passé la nuit à l'hôtel avec une dame. Je suis retourné à la cuisine juste à temps pour retirer les œufs du feu, Karl sur les talons. Je lui ai proposé du café, du jus d'orange, des œufs, mais il a tout refusé.

« J'essaye de faire attention », m'a-t-il expliqué avant de soupirer. Karl avait été obèse à une époque et je pouvais comprendre qu'il décline l'invitation. À présent, il était svelte, portait une chemise en soie avec les trois premiers boutons ouverts, deux fines chaînes en or pendaient au milieu des poils noirs de sa poitrine, son Levi's donnait l'impression d'avoir été coupé et lavé spécialement pour lui par les costumiers du studio et il avait une paire de Puma aux pieds. Karl avait tout du type à la pointe de la mode. Pendant sa phase obèse, il avait aussi traversé une phase hippie où il fumait des joints et portait des salopettes et des chemises en tissu écossais au bureau. Avant ça, il avait eu sa phase Ivy League, affublé d'un costume trois-pièces et de pompes anglaises.

Il s'est assis dans ma salle à manger ensoleillée et m'a regardé prendre mon petit déjeuner.

On a parlé de tout et de rien, mais surtout de filles. Ce qu'aimait Karl, c'était coucher avec des femmes célèbres, et il avait un joli palmarès à son actif qui lui valait d'apparaître souvent dans les journaux auxquels il ne manquait jamais de fournir une photo récente de lui. Karl fait beaucoup de films, trois, parfois quatre par an si tout se goupille bien, et nous sert de producteur exécutif depuis notre premier long métrage il y a dix ans (phase Ivy League). Il était tout excité au sujet de la fille qui occupait la suite 609 et qui, originaire du Texas, était arrivée à Hollywood via New York. À la façon dont il n'arrêtait pas de parler d'elle, elle allait sans doute avoir une très belle opportunité de jouer dans notre film.

Pendant que je tamponnais mes mouillettes de muffin sur ce qui restait des œufs, Karl m'a demandé : « Dis voir, il est là, Jim ? J'ai appelé le plateau et il n'y est pas. »

Jim a un bungalow à côté du plateau.

« Je ne l'ai pas vu aujourd'hui », ai-je répondu.

Juste à ce moment-là, la chasse d'eau a été tirée au fond de l'appartement et Karl m'a lancé ce regard de tueur à gages qu'il adopte de temps en temps avant de l'effacer très vite quand il se rend compte de ce qu'il fait, et avec un sourire, il a ajouté poliment : « Qui est là ?

— Il se pourrait que ce soit Jim », ai-je admis.

Ma ligne privée a sonné et je suis allé répondre dans le salon. C'était mon avocat qui voulait organiser une série de rendez-vous selon mes disponibilités, et pendant que je parlais, j'ai vu Karl devenir nerveux. Ça devait le rendre dingue que quelqu'un soit au téléphone en sa présence sans que lui-même ait un combiné à la main. Il s'est assis bien droit, a regardé par la fenêtre, tapé du pied, puis il s'est levé d'un bond et s'est rendu à la cuisine. Je l'ai entendu se verser un verre d'eau minérale, et puis je l'ai vu s'avancer sur la terrasse de devant, regarder sur le côté, mais il est revenu à l'intérieur, a attrapé le téléphone de l'hôtel et peu après, il soutenait sa propre conversation à voix basse, sans doute avec ses employés parce qu'il répétait : « Non, ça tu le gardes », ou « Redis-moi ça » en prenant quelques notes dans un carnet avec un minuscule crayon doré.

Je connais Karl depuis dix ans, et depuis tout ce temps il prend des notes dans ce même carnet avec ce même petit crayon doré, ou bien c'est qu'il en a une réserve quelque part, peut-être des milliers, tous identiques, et qu'il en sort un nouveau tous les matins, qui sait ? Karl est très secret quant à certains aspects de sa vie.

Jim est apparu tout nu dans le salon et a lancé : « J'ai une dalle d'enfer. » Il a fait une pause en voyant Karl et m'a dévisagé.

« C'est quoi ce bordel ? »

Il a foncé hors de la pièce et on l'a entendu hurler :

« Vire-moi ce trou-du-cul *pronto !* »

Karl a raccroché rapidement et m'a regardé, les yeux ronds. « Qu'est-ce qui se passe ? » Je n'ai pas interrompu ma conversation téléphonique et peu après, Jim est revenu habillé et une fois de plus, il a fusillé Karl du regard :

« T'es encore là ? »

Karl s'est levé. Jim lui a lancé un sourire étincelant et l'a pris dans ses bras. « Karl, mon salaud, comment va ton père ? »

Karl a souri, mais je voyais que Jim l'avait vraiment énervé.

J'ai raccroché. « J'ai tellement faim, je pourrais bouffer le cul d'une mule crevée, a dit Jim. Allons nous payer un bon gros déjeuner.

— J'ai une réservation au Polo Lounge, a proposé Karl.

— J'emmerde le Polo Lounge, a rétorqué Jim.

— On pourrait aller chez Schwab… ai-je suggéré.

— Schwab ? » a dit Karl. Aucun enthousiasme dans la voix.

« Il y a un problème avec Schwab ? ai-je demandé.

— Rien, c'est juste que je n'y suis jamais allé.

— Alors là, tu me troues le cul ! s'est exclamé Jim. Il faut qu'on t'emmène chez Schwab ! »

Autant que je sache, Jim n'y était jamais allé non plus.

« Et la fille ? ai-je demandé à Karl.

— Elle a déjà déjeuné.

— Quelle fille ? a fait Jim.

— Quoi, le café et le pain grillé qu'ils te filent ici ? » ai-je lancé. L'hôtel n'avait pas de cuisine en tant que telle, mais il suffisait de payer pour obtenir tout ce qu'on voulait.

« Je crois qu'elle a pris un jus d'orange, aussi. J'étais sous la douche.

— Quelle fille ? » a répété Jim. Il est allé dans la cuisine.

« Apporte-moi une bière, tu veux ? lui ai-je demandé. J'ai pris le téléphone de l'hôtel et j'ai composé le 609.

Elle a décroché après deux sonneries, une jolie voix grave qui avait presque perdu son accent texan.

« Ici David Ogilvie. On va déjeuner chez Schwab…

— Attends, laisse-moi lui parler », a dit Karl. Il s'est avancé en tendant la main mais je me suis reculé.

« Tu veux une bière, Karl ? a demandé Jim de la cuisine.

— Non merci.

— … Karl, Jim Larson et moi », ai-je précisé au téléphone. J'ai entendu des bruits de bouteilles décapsulées et soudain, j'ai senti une vague d'angoisse me descendre jusque dans les chaussettes. « On passe te chercher », ai-je dit à la fille et j'ai raccroché.

Jim est revenu avec ma bière. Il a souri à Karl.

« T'as une petite chatte planquée à l'hôtel, c'est ça ?

— Une petite salope du Texas, ai-je précisé. Au fait, elle s'appelle comment ?

— Sonny Baer », a répondu Karl. Il l'a épelé tandis que Jim et moi le regardions sans expression. « C'est son vrai nom. Tu sais que les Texans ont un truc avec leur nom. Rip Torn. Sissy Spacek, Candy Clark.

— Et maintenant Sonny Baer, a ajouté Jim. Une vraie conne, sûrement.

— J'imagine que Karl veut la faire jouer dans notre film, ai-je dit.

— C'est pas moi qui vais aller contre, si ça peut permettre à Karl de baiser.

— Peut-être que nous devrions appeler Schwab pour faire une réservation, a dit Karl.

— Mais c'est un drugstore, vieux, tu réserves pas », a rétorqué Jim.

Après avoir terminé ma bière, je suis allé dans la salle de bains prendre deux joints dans mon kit de rasage et on est descendus au sixième étage.

Sonny Baer portait une chemise à carreaux et un jean. Elle avait une épaisse crinière de cheveux couleur miel, des yeux d'un bleu profond et un sourire qui coupait l'effet saisissant du reste de sa personne et affirmait clairement que Sonny Baer était tout sauf une vraie conne. Elle m'a souri et m'a serré la main en disant : « Je vais voir tous vos films au moins deux fois.

— Hein ? » ai-je dit.

Ces yeux-là n'avaient pas quitté les miens, pas même une seconde pour regarder Jim ou Karl. « J'adore vos films. Ils sont drôles.

— Et mes films à moi, alors ? a demandé Jim.

— Oh, vous êtes aussi dans le cinéma ? » et à ces mots, elle m'a conquis à jamais. Jim a ri et lui a serré la main.

« Bon sang, t'as des seins à tomber », a-t-il déclaré, souriant et lumineux.

« Vous me donnez une minute ? » a-t-elle demandé avant de passer à la salle de bains. Karl a attrapé le téléphone qu'il a porté jusqu'au coin petit déjeuner et

Jim a allumé la télévision. Jim et moi avons regardé une rediffusion pendant que Karl parlait à voix basse et prenait des notes. Il a fini par revenir et nous a observés comme s'il s'apprêtait à dire quelque chose, mais il a changé d'avis et s'est assis pour regarder trente secondes d'une pub avant de se relever, marcher jusqu'au fond de l'appartement, revenir, se rasseoir encore trente secondes, et puis il a fini par se poster sur le balcon de Sonny qui donnait sur Sunset Boulevard, comme ma terrasse.

Une autre rediffusion avait commencé depuis un bout de temps quand Sonny est reparue, apparemment inchangée, et on s'est tous précipités vers l'entrée pour lui ouvrir la porte.

« Une minute ». On s'est arrêtés net.

« Est-ce que l'un de vous a de quoi fumer ? J'aimerais bien planer un peu. »

J'ai allumé un de mes joints et Jim a fermé la porte. À nous trois, on a fumé la cigarette en une minute – Karl ne fumait plus rien parce qu'il avait l'impression de perdre le contrôle. Il nous a attendus patiemment. Karl n'était plus le même que plus tôt dans mon appartement, il avait toujours un peu de mal à nous gérer sereinement, même s'il n'avait pas atteint ce niveau de notoriété en se comportant comme un connard, mais maintenant qu'il avait un auditoire, il ressemblait plus au Karl public, lisse, d'une beauté ombrageuse, froid comme la glace. C'était un vrai joueur de billard, et j'aurais dû me douter que cette matinée sous le signe de Mickey Mouse cachait davantage que le simple fait d'obtenir un rôle à sa copine.

« C'est de la bonne, a dit Sonny. Qu'est-ce que c'est ? » À cet instant, j'ai entendu ce grasseyement texan émerger un peu plus franchement.

« Maui Zowie, la meilleure marijuana du monde, ai-je expliqué. Et encore, laisse-la agir cinq minutes…

— La vache. On n'en trouve pas de la comme ça à New York. »

Nous sommes montés dans l'ascenseur, et j'ai appuyé sur le bouton Sous-Sol, mais Sonny a appuyé sur Rez-de-Chaussée. « Je veux voir si j'ai des messages. »

Nous avons attendu en maintenant la porte de l'ascenseur ouverte pendant qu'elle parlait à la réceptionniste. Elle est revenue avec une petite lettre dodue qu'elle a parcourue rapidement avant de la fourrer dans son grand sac en cuir.

« Des nouvelles du bercail ? ai-je demandé.

— Tu es malin, toi », a-t-elle répliqué.

Nous sommes descendus à pied au Liquor Locker en passant devant le kiosque à journaux.

« Quelqu'un aurait des *quarters* ? » a demandé Jim et il s'est acheté un magazine porno. Sonny a jeté un œil à la couverture en grimaçant.

« Je fais un arrêt là », ai-je annoncé et je suis entré dans l'épicerie pendant que les autres restaient au soleil. J'ai pris deux pintes de Old Crow et en ai donné une à Jim.

« Rappelle-moi que je veux m'arrêter ici sur le chemin du retour, a dit Sonny à Karl.

— Les prix ne sont pas du tout avantageux ici, a réagi Karl. Tu devrais plutôt faire tes courses au Chalet Gourmet.

— Mais quand même », dit-elle.

*

À cette heure de la journée Schwab était noir de monde, une double file d'attente pour les box s'étirait devant le comptoir à cigares et tous les tabourets du bar étaient pris. Le déjeuner diffère du petit déjeuner. Au petit déjeuner, le jour scintille de promesses, d'appels à prendre, de contrats à passer, de courrier à recevoir ; au déjeuner, une bonne partie de ces tâches sont derrière vous et le plus important est *avec qui vous déjeunez* et *qui d'autre se trouve dans la salle ;* il est nécessaire de faire au moins semblant d'avoir un job à plein temps au milieu de cette agréable clameur caquetante du show-business. Les débutants viennent ici pour être plus ou moins absorbés par le mouvement général, les vieux habitués viennent pour se retrouver entre amis et égaux, les stars et les vedettes pour rester authentiques et se souvenir, *je suis passé par là et ça pourrait se reproduire.* On compte par ailleurs beaucoup de gens qui viennent juste observer les autres, et aussi beaucoup de connards et de débiles profonds qui se pointent pour rajouter un peu à la confusion générale.

J'aime Schwab.

« On n'aura jamais de table », a dit Sonny et elle a fait un tour dans le drugstore. Jim, Karl et moi avons pris place au bout de la file, mais bien sûr, le temps qu'on arrive à la fenêtre au niveau de la salle des box et qu'on passe les grandes doubles portes, tous les clients nous regardaient, comme ils font avec tout le monde, et l'ambiance du lieu a changé petit à petit.

Je ne pouvais qu'admirer Karl. J'avais devant moi un homme qui avait littéralement des centaines de boulots à distribuer sur l'année, et qu'on traînait plus ou moins contre sa volonté dans une pièce débordant de chômeurs avides – interprètes, frimeurs,, clowns, messieurs-dames ayant exercé toute leur vie ce bel art d'attirer l'attention. Un homme de moindre valeur que Karl aurait reculé dès qu'il aurait senti les vibrations émanant des lieux, ou aurait tout bonnement refusé de venir. Mais pas Karl. Il connaissait personnellement au moins un tiers de ce petit monde et le reste de vue, aussi s'est-il comporté en grand homme, cool sans être hautain, mouvement de tête et sourire pour ceux qu'il reconnaissait, poignée de main et quelques mots pour tous ceux qui venaient le saluer.

Ce n'était pourtant pas comme de regarder un politicien roué déversant sa lumière dorée sur un point d'obscurité choisi, mais comme l'ancien d'une tribu se mêlant aux siens ; bon Dieu, il suffisait à ce type de bouger un doigt pour permettre à tous ces gens de se la couler douce ; il le savait, eux le savaient, alors l'énergie s'est accumulée, amplifiée.

Naturellement, une fois passée la surprise de voir Karl, chacun est retourné à sa conversation parce que personne n'aime être vu avec la langue qui pend. Mais j'ai eu l'impression qu'ils avaient tous sniffé de la cocaïne entre le moment de notre arrivée et celui où on s'est assis parce qu'ils sont devenus un peu plus joyeux, un peu plus fébriles, parce qu'*eux* étaient *ici*, que *nous* étions *ici* et que de grandes choses devaient être en train de se décider. Ils n'auraient sans doute pas été aussi exaltés si ça n'avait été que Jim et moi, deux autres chômeurs potentiels, mais Karl, c'était le Big Boss, et devant le Big Boss, on se montre amical, occupé à temps plein et doté d'un avenir débordant de projets.

Le volume des conversations est monté de quelques crans, et les sons éclatés ont rebondi sur les murs alors que l'énergie se déplaçait dans la salle et gagnait en puissance.

Ce qui nous affectait aussi, bien évidemment. Cette merveilleuse sensation de bien-être, à peine aidée par la goutte de whisky que j'avais versée dans mon café à la seconde où Dorothy la serveuse avait tourné le dos.

« Visez un peu qui boit à l'heure new-yorkaise », a lancé quelqu'un. Les mots ont ricoché et tout le monde s'est esclaffé mais pas en chœur.

Jim a lu quelques petites annonces de son magazine porno.

« Beurk », a fait Sonny. Elle nous avait rejoints dès que le box s'était libéré. « Au Texas, il n'y a qu'aux animaux qu'on fait subir ce genre de choses. »

Jim a continué de lire, mais personne ne l'écoutait alors il a remisé son magazine et puis s'est employé à relever lui aussi la saveur de son café.

Une femme est venue à notre table pour avoir nos autographes, nos quatre signatures, même si elle se foutait de savoir qui nous étions, et j'ai éprouvé un pincement de tristesse pour son vieux mari, rouge de honte sur sa banquette. En attendant que Dorothy revienne prendre nos commandes, Sonny a lu sa lettre et Karl s'est occupé de la salle, a fait le tour de ceux qu'il devait caresser dans le sens du poil, en y ajoutant une touche personnelle, offrant une belle cotisation. Si quelqu'un en le voyant entrer racontait à ses compagnons de box que Karl et lui se connaissaient, mais que Karl manquait de confirmer ce lien, le type risquait de passer pour un con et créer des embrouilles plus tard. Faire des films représente assez d'emmerdes comme ça, inutile d'en rajouter une couche.

« Pour quelqu'un qui a un cœur gros comme un petit pois, il se débrouille très bien », a reconnu Jim.

À l'autre bout de la pièce, deux types se sont levés, l'air résigné, mais la file d'attente grossissait devant le comptoir à cigares et il leur fallait partir. Au lieu de s'en aller normalement, ils se sont mis à valser tous les deux, sont passés devant nous, ont redescendu l'autre allée et sont sortis sous une vague d'applaudissements. Puis un comique qui bossait comme simple acteur dans une série policière s'est approché, m'a adressé un grand clin d'œil et s'est penché pour murmurer quelque chose à l'oreille de Jim.

Jim est aussitôt devenu sérieux. Karl s'est à nouveau glissé dans notre box, la fatigue se lisant autour de ses yeux, et a pris un menu.

« C'était qui ? a-t-il demandé à Jim.

— Je ne sais pas. Il m'a dit que la pilule de poison était dans la tasse à la masse. »

À cet instant j'ai parcouru le drugstore du regard et j'ai aperçu le gros visage pataud d'un comique avec qui j'avais bossé il y a des années, qui se tenait dehors à moitié caché derrière les peluches disposées en vitrine. Lui aussi m'a lancé un clin d'œil.

Je me suis excusé auprès des autres et suis sorti pour aller le retrouver. Au lieu de lui serrer la main, j'ai pris un air sérieux d'agent secret et j'ai dit : « La tasse à la masse.

— Compris », m'a-t-il dit, et tel un Groucho Marx obèse, il s'est avancé vers le téléphone au fond de la salle.

En revenant au box, l'un des Jackie m'a arrêté et a demandé, du coin de la bouche : « C'est vrai ? »

J'ai acquiescé.

« La tasse à la… ? » Son doigt a dessiné un cercle. J'ai opiné et me suis rassis.

C'était idiot, mais ce petit jeu débile s'est répandu à travers le drugstore, de box en box, n'évitant que les nouveaux venus et les touristes, la réplique de ce vieux film avec Danny Kaye enregistrant au passage toutes sortes de modifications et d'interprétations obscènes, et le truc était que personne bien sûr n'éclate de rire.

Karl était perplexe. « Qu'est-ce qui se passe ?

— Karl croit que tout se rapporte à lui, ai-je expliqué à Sonny. Un vrai parano. Tout ça parce que des gens bizarres rôdent un peu partout dans le drugstore… »

Puis un comique qui enchaînait les « wow wow wow » comme un Peau-Rouge a attrapé un gros lapin en peluche bleu et blanc sur l'étage derrière le comptoir et s'est mis à courir avec. J'ai regardé la caissière. Elle arborait l'expression la plus impassible que j'aie jamais vue.

« Qu'est-ce que ce sera pour vous, les enfants ? » a demandé Dorothy.

Karl examinait encore le menu, essayant sans doute d'y trouver une *cobb salad*, son plat préféré au Polo Lounge, leur *cobb salad* se résumant à une salade normale mais passée dans un mixer et qui, à moi, me donnait l'impression d'avoir été prémâchée. « Qu'est-ce que vous me conseillez ? a-t-il demandé sans lever les yeux.

— Le poisson », a répondu Dorothy.

Sonny a commandé un sandwich bacon avocat sur du pain grillé, une grosse tranche de melon et du thé, Jim a commandé un cheese-burger avec des frites et un milk-shake vanille et moi la même chose. Karl a parcouru le menu recto verso au moins deux fois pendant que Dorothy se dandinait d'un pied sur l'autre et essayait de se montrer patiente, et finalement, il a pris une petite salade verte avec un jus de tomate. Entre-temps, deux filles étaient venues nous parler, et j'ai entendu un gars au fond gueuler : « Hé, file-moi un boulot, mec ! » mais sans obtenir de rires, et puis un bruit de verre brisé suivi d'un glapissement nous est parvenu du comptoir à cigares. Un silence de mort s'est abattu sur la salle.

Tout ce que je voyais était un type au visage blanc allongé par terre et une foule qui l'entourait. Mais l'histoire a vite circulé. Un clown qui avait perdu les pédales tellement il était défoncé avait réussi à éclater le comptoir en verre et à se couper gravement. Peu à peu, alors que le récit de l'incident faisait le tour du drugstore, les bavardages ont repris, mais tout avait changé, l'énergie était devenue négative et des vagues de colère déferlaient à présent sur nous.

Tout était de notre faute.

Les uns et les autres avaient voulu se faire bien voir parce que nous étions venus avec un pourvoyeur de boulot et maintenant, un pauvre diable était à terre avec le cul tailladé. Jim s'est avancé vers la foule et je me suis levé aussi, à contrecœur, pas du tout excité à l'idée de le faire mais conscient qu'il le fallait. J'ai trouvé Jim agenouillé à côté du type – dont la tête ne m'a rien dit, encore un illustre inconnu – et le proprio du drugstore appuyait de la gaze sur le pantalon du gars. Le sol était maculé de sang, que j'ai scrupuleusement évité en m'accroupissant. J'avais peur de tourner de l'œil, mais pour une fois, je suis resté vaillant.

« On a appelé les secours, m'a dit le proprio. Ils ne vont pas tarder. »

Le type faisait peur à voir. Il avait les yeux qui roulaient en regardant l'attroupement autour de lui, Jim et moi, le proprio et un autre mec agenouillé, sans doute la personne avec qui il était venu. Le type avait voulu se faire remarquer. Ben, pour le coup, on l'avait remarqué.

« Comment vous sentez-vous ? lui a demandé Jim.

— Comment je devrais me sentir ? a dit le gars avec amertume. J'ai sauté sur le comptoir comme si c'était un cheval et je me suis ouvert le cul.

— Vous faites quoi comme numéro pour les rappels ? » ai-je demandé en espérant qu'il enchaînerait. Mais il a continué sur le ton de l'amertume :

« Je frime. L'histoire de ma vie. Je frime et je foire tout.

— Amen, a déclaré Jim.

— Je suis sûr que vous êtes la première personne à obtenir la Purple Heart chez Schwab », ai-je conclu.

Certains ont ri, mais le gars s'est contenté de me dévisager.

Jim lui a parlé doucement, lui a demandé son nom, évoqué des connaissances communes et puis deux ambulanciers en veste blanche sont entrés au trot et nous avons aidé le blessé à grimper sur le brancard.

« Vous avez une drôle de veine, vous, a dit l'un des ambulanciers. Trois centimètres plus bas et… »

On a regagné notre banquette. L'hostilité s'était évaporée. Désormais, chacun envisageait l'incident sous l'angle de l'événement générateur de publicité, un élément d'intérêt pour des journalistes comme Hank Grant ou Army Archerd. Peut-être même que les agences de presse s'en empareraient, et j'ai vu plusieurs personnes se diriger vers les téléphones.

« Je ne comprends pas pourquoi cet endroit te plaît », m'a dit Jim après notre départ. Il devait croire que c'était toujours comme ça.

*

Sur Sunset, le trottoir était désert et la chaussée envahie de voitures. Karl et Sonny marchaient devant nous, collés l'un à l'autre, en train de parler. Puis on les a vus entrer tous les deux au Liquor Locker. Jim et moi nous sommes postés dans le minuscule parking. J'ai bu une petite gorgée de ma pinte avant de la passer à Jim.

« Tu as dit que tu avais des tonnes de choses à faire aujourd'hui, ai-je lancé.

— Je suis encore secoué par ce qui est arrivé à ce type.

— Moi aussi.

— Mais j'ai un plan. Pour qu'elle tombe sa chemise et son pantalon. J'adorerais pouvoir jeter un coup d'œil à cette jolie paire de seins.

— C'est quoi le plan ?

— On va aller nager.

— Je me demande s'ils ont des rushs sur elle.

— Quelle différence ça peut foutre ? »

Ils sont sortis du Liquor Locker avec un grand sac rempli de trucs comme un mélange apéritif gourmet aux noix, une brique de jus d'orange, une bouteille de vodka Stolichnaya, une miche de pain, du lait, etc. On a repris lentement le chemin de l'hôtel.

« Bon, j'ai une réunion tout l'après-midi, a déclaré Karl. Quand est-ce qu'est prévue la nôtre, de réunion, vous vous en souvenez ?

— On vient pas de la faire ? ai-je demandé.

— J'ai une super idée, est intervenu Jim. On n'a qu'à aller nager.

— La piscine d'ici est trop froide, s'est plainte Sonny. J'y suis allée une ou deux fois.

— Tu l'apprécieras plus tard dans l'année, l'ai-je rassurée.

— Au Texas, pas une mare n'est à moins de 32°. Sauf quand il gèle.

— Et si on allait à la plage ? a proposé Jim.

— Il vous reste de l'herbe ? a voulu savoir Sonny. Je suis à court depuis deux jours.

— Tu m'étonnes qu'il m'en reste ! ai-je dit. J'ai encore un joint dans la poche. » Je l'ai allumé et l'ai tendu à Sonny.

« Attendez, a dit Karl, plutôt que d'aller à la plage, vous feriez mieux de venir à la maison. Je vous garantis que la piscine est aussi chaude que le premier trou boueux du Texas. »

On a remonté paresseusement l'allée de l'hôtel devant l'un des employés occupé à arroser le béton et nous avons pris l'ascenseur. Il y a eu un silence gêné pendant que nous finissions le joint à trois. J'ai avalé le mégot en le faisant passer avec un peu de whisky.

« Ma voiture n'a que deux places, a dit Karl. Dommage.

— C'est pas un problème, ai-je rétorqué, Sonny montera avec moi, comme ça on fera connaissance, et Jim et toi pourrez parler business.

— On pourrait pas tous prendre ta voiture ? » a demandé Jim. Lueur d'espoir.

Je lui ai ri au nez. « Tu veux t'asseoir à l'arrière avec Karl, les genoux au niveau du menton ? »

La question était réglée. Mais ce n'était pas le moment de laisser Karl seul avec elle. Nous sommes tous remontés à la 609 et on s'est rejoué une jolie petite comédie musicale, on a rangé ses courses dans la cuisine, on a bu sa bière et moi du whisky pendant qu'elle se changeait et que Karl passait des coups de fil. Quand elle est réapparue, elle paraissait porter les mêmes vêtements.

« Allons-y », a-t-elle dit.

Dans le couloir, je me suis tourné vers Karl : « Partez devant, les gars, Sonny et moi, on va monter à mon appart recharger le stock de Maui. » J'avais adopté un ton ferme. Jim a pris Karl par le bras et ils sont partis.

« Enfin seuls, ai-je lâché.

— Allons chercher l'herbe. »

*

Quand le moment est bon, il est bon et vous le sentez dans l'air, les corps se frôlent, les étincelles jaillissent et l'ozone explose ; elle ne peut pas détacher les yeux de vous, vous ne pouvez pas détacher les vôtres d'elle et personne n'a besoin de parler. Alors que l'ascenseur nous propulsait lentement deux étages plus haut, j'ai eu envie de la prendre par les épaules et de la tourner vers moi, voir son visage se lever et ses lèvres s'entrouvrir, je *savais* que ça se passerait comme ça, qu'elle se blottirait contre moi, qu'elle s'adosserait à la paroi de l'ascenseur et que notre baiser serait si excitant et brûlant qu'on glisserait au sol sans même s'en rendre compte et que nos corps s'agripperaient l'un à l'autre pour se fondre en une âme unique.

Naturellement, ça ne s'est pas passé comme ça.

Je n'ai pas touché à un seul de ses cheveux. Nous n'avons même pas parlé, j'ai juste regardé cette douce chevelure couleur miel et j'ai imaginé ce que ça ferait contre ma peau. Quand la porte s'est ouverte, et que j'ai vu le chariot de la femme de chambre garé devant ma suite, ça ne m'a pas défrisé, mais j'ai effleuré les reins de Sonny du bout des doigts et elle est entrée dans la suite en m'adressant un sourire. Ce seul regard m'a quasiment cisaillé les jambes.

« J'aurai terminé dans une minute, a annoncé la femme de chambre depuis la cuisine.

— C'est bon », ai-je répondu. À Sonny : « Allons sur la terrasse. » Une fois dehors, sentant la brise chaude, elle a dit : « Oh, c'est tellement beau », et à cet instant, j'aurais pu l'embrasser, elle et son visage illuminé, au lieu de quoi j'ai dit : « Je vais chercher l'herbe », et je suis allé dans la chambre prendre mon sachet de marijuana dans la boîte à cigares où je le rangeais d'habitude. Je fouillais dans une de mes valises que je n'avais pas encore défaites quand elle est entrée. « Qu'est-ce que tu cherches, des feuilles à rouler ? J'en ai dans ma chambre.

— Tada ! » me suis-je exclamé et j'ai brandi les feuilles ainsi que ma jolie petite pince à joint en verre soufflé. Elle s'est approchée et a regardé les petites ramures débarrassées de leurs impuretés. « Elle est tellement belle », a-t-elle dit doucement.

J'entendais la femme de chambre qui s'apprêtait à partir.

Plus que quelques minutes.

« Laisse-moi faire un crochet par là », m'a-t-elle dit en désignant la salle de bains. Je me suis assis sur le lit et j'ai roulé deux joints sur le dessus en verre de la table de chevet. Quand elle sortirait, la femme de chambre serait partie et nous serions à nouveau seuls. J'en avais les mains qui tremblaient si fort que je pouvais à peine m'en servir, si bien que j'ai roulé des joints irréguliers et trop dodus. Au moment de me lever, j'avais la queue qui gonflait indéniablement le devant de mon pantalon et j'ai ri parce que ça n'avait aucune importance, laissons-la gonfler, bientôt mon pantalon se serait envolé et le sien aussi, et nous serions dans ce grand lit tout de blanc recouvert à baiser comme des lucioles. Mon cœur allait exploser et transpercer ma poitrine tellement je me sentais bien. Je n'avais plus besoin de marijuana, n'en voulais plus, ni de whisky, ni de rien ; je ne désirais que cette jolie et douce jeune femme sous moi, sur moi, partout.

Karoum, ont fait les toilettes.

Clic clac, a fait la porte de la chambre.

Soudain, j'ai su qu'elle allait sortir de la salle de bains complètement nue, scintillante, prête pour l'amour. J'étais là, encore habillé, comme si je n'avais pas reçu le message, comme si j'étais imperméable à l'espèce de consentement électrique qui parcourait la chambre, alors je me suis rassis sur le lit, j'ai enlevé une première chaussure et retirais l'autre quand elle est sortie.

Habillée.

« Qu'est-ce que tu fais ? » m'a-t-elle demandé.

C'est à cet instant que j'aurais bien eu besoin de recevoir un conseil. J'aurais peut-être dû dire : « Je change de chaussettes » ou « Je m'aère un peu les pieds ». Quelque chose d'un peu habile.

Mais j'ai répondu : « J'enfile mon costume d'Adam. »

Elle a ri, a chipé un joint et a quitté la pièce. J'ai fini par enlever mon autre chaussure, mes chaussettes et je suis sorti pieds nus pour voir s'il y avait un moyen, n'importe lequel, de retrouver la magie de l'instant.

*

« Je regrette de ne pas avoir emmené mon chien, a-t-elle déclaré. Je ne savais pas qu'ils acceptaient les animaux, ici.

— L'hôtel est connu pour ça. »

Elle regardait en contrebas la petite rue courbe qui reliait Sunset à l'entrée de l'hôtel et se prolongeait vers l'arrière du bâtiment. « Je vois quelqu'un avec son chien.

— Quel genre de chien as-tu ? J'adore ces animaux.

— Oh, juste un petit chasseur de lapins, un beagle.

— Comment s'appelle-t-il ?

— Pepper.

— Un matin, j'étais assis sur les marches de l'hôtel en attendant que la limousine passe me chercher pour ma journée de tournage quand une voiture a tourné au coin de l'hôtel en crissant des pneus et le conducteur m'a balancé un sac plein de merde de chien à la tête. »

Elle m'a adressé un drôle de regard.

« Enfin, j'imagine qu'il visait plutôt *l'hôtel*, sauf que j'étais assis devant l'entrée.

— Drôle d'histoire. Mais je comprends que ça puisse arriver, quand tu vois tous ces gens qui promènent leur chien et les laissent faire leurs besoins sur ta pelouse. »

Cette conversation déraillait sérieusement.

« Et donc, Pepper ? M'a l'air d'un chouette petit gars.

— C'est le troisième ou quatrième Pepper qu'on a. Mon père veut les emmener chasser les lapins, mais il se soûle, se met dans tous ses états et bute le chien à la place.

— M'a l'air d'un homme intéressant, ton papa.

— Oh ça, il adore chasser les lapins. D'après lui, on apprend plus à la chasse qu'à la fac.

— Tu y es allée, à la fac ?

— Non, et je ne chasse pas non plus. Ils m'ont envoyée rejoindre la troupe du New York City Ballet quand j'avais onze ans, ça m'a rendue folle, alors après, j'ai été mannequin pour de la lingerie jusqu'à ma dépression nerveuse, et ensuite je suis retournée au Texas où je me suis rendu compte que je n'avais pas du tout fait une dépression nerveuse, que c'était juste New York. Mais je préfère encore New York au Texas. » Elle s'est mise à parler du Texas, de son papa, de ses oncles, de petites choses, d'anecdotes, de remarques innocentes sur sa famille, allongée là, le visage au soleil, détendue ; j'ai acquiescé, dit mm-mmm et me suis curé les orteils. Une autre journée calme à L.A. J'avais de nouveau les paumes sèches, je me sentais bien. Elle semblait avoir oublié ma remarque idiote. À vrai dire, elle semblait même avoir oublié que nous étions censés aller nous baigner chez Karl ; elle était simplement belle et détendue.

« Oh regarde ! s'est-elle exclamée. Un papillon là-bas. » Elle pointait du doigt un gros papillon jaune et noir qui batifolait autour de l'arbre de jade que l'hôtel faisait pousser dans un gros pot en ciment sur la terrasse.

« Est-ce qu'ils ne sont pas *magnifiques* ? » ai-je demandé. Ensuite, elle m'a parlé de son adolescence, à l'époque où elle était mannequin à New York, et j'ai ri une ou deux fois, d'un rire sincère, moins pour la mettre à l'aise que parce qu'elle était drôle. On revenait à un meilleur état d'esprit, tout se passerait bien.

Sauf que cet abruti de papillon s'est débrouillé pour se prendre dans une toile d'araignée sous l'avant-toit, au-dessus des portes-fenêtres ouvertes sur ma chambre. Pendant qu'elle parlait de sa vie à Manhattan, je suis resté immobile, priant pour qu'elle ne se tourne pas et ne voie pas l'araignée sortir de son trou à toute berzingue et attraper le papillon.

Peut-être qu'ils ont eu un échange comme celui-ci : PAPILLON : Au secours, à l'aide !

ARAIGNÉE : J'arrive, j'arrive ! PAPILLON : Au secours !

ARAIGNÉE : Attendez, laissez-moi vous donner un petit tranquillisant. Voilà, ça va mieux ?

PAPILLON : Oh merci. J'ai envie de dormir, maintenant. ARAIGNÉE : Attendez, laissez-moi replier vos ailes, vous devez être fatigué.

PAPILLON : Tellement fatigué…

ARAIGNÉE : Je vais juste vous installer par là, à l'ombre… Pendant que l'échange avait lieu dans ma tête, Sonny, qui parlait toujours d'elle, n'a rien remarqué. Je faisais alterner son visage et le spectacle dînatoire qui se déroulait au-dessus de nous. Le temps que l'araignée empaquette proprement le papillon et le cache hors de vue, j'avais quasiment glissé aux pieds de Sonny, tout ouïe, captivé.

Il ne tenait qu'à elle de me toucher, elle savait pourquoi nous étions là, et j'étais tout prêt à ce qu'elle me touche, mais elle n'a rien entrepris.

« Tes cheveux », me suis-je entendu dire. J'ai tendu la main et lui ai caressé les cheveux. Elle s'est tournée vers moi. Son visage n'exprimait rien, sa bouche entrouverte, ses yeux dans mes yeux, comme des opales bleues, je l'ai attirée vers moi et l'ai embrassée.

Premier baiser.

Sa douce petite bouche, j'y ai glissé la langue et l'ai sentie parcourue d'un frisson, et puis ma main a dérapé et je suis tombé à côté de sa chaise longue.

« Aïe, bon sang ! » ai-je lâché. Je m'étais *vraiment* fait mal au genou. Je me suis levé et elle a éclaté de rire jusqu'à ce qu'elle lise la douleur sur mon visage.

« Oh, tu t'es fait mal. Je cours chercher quelque chose. » Elle est revenue deux minutes plus tard avec un linge mouillé. Je marchais en boitant sur la terrasse, jurant et chouinant à moitié.

« Assieds-toi. »

J'ai remonté ma jambe de pantalon au-dessus de mon genou éraflé et elle a pressé le linge humide contre.

« Ça soulage.

— Tu as de la teinture d'iode ?

— J'espère que non. »

Elle me regardait comme si j'étais un scout blessé et elle l'infirmière de l'école. Une configuration qui ne me plaisait pas des masses et j'ai sauté à cloche-pied pour la suivre dans la salle de bains. Le soleil se déversait par la fenêtre ouverte au-dessus de la douche, rebondissait sur les nombreuses serviettes blanches posées un peu partout et la rendait encore plus radieuse. Elle a ouvert la petite armoire au-dessus de l'évier et s'est mise à fouiller dans mon kit de rasage.

« Je n'ai pas de teinture d'iode, ai-je dit.

— Pas grave. J'en ai dans ma chambre. J'en ai pour une seconde, je reviens. Il ne faut pas que ça s'infecte. »

Elle est passée devant moi et je l'ai attrapée par le bras. « Pourquoi tu t'inquiètes autant de ma santé ? » ai-je demandé avant de l'embrasser sur la bouche, durement. Là, j'ai senti tout son corps se raidir pour résister, et je ne sais pas pourquoi, ça m'a énervé. L'affaire était pliée, on allait baiser, genou éraflé ou pas, et je me foutais que ce soit dans la chambre ou la salle de bains, du moment qu'on passait à l'acte une bonne fois pour toutes.

Elle s'est écartée à plusieurs reprises, mais je la retenais immanquablement, l'embrassais, et je l'ai entraînée avec moi alors que mon corps s'affaissait sur le carrelage – c'était le rêve de l'ascenseur qui recommençait, mais ce coup-ci, sous forme réelle, froide et rageuse, sans que je comprenne ce qui me mettait à ce point en colère. En l'embrassant, je m'agrippais à son corps, et elle essayait de se dégager, grognant sous l'effort, prenant la parole dès qu'elle pouvait libérer ses lèvres des miennes.

Finalement, elle a passé un ongle sur mon genou, j'ai hurlé, et elle a bondi dans la baignoire.

« Putain, mais qu'est-ce qui te prend ? » m'a-t-elle demandé. Je me suis relevé, suis reparti en chasse. Elle a tenté de me contourner, le regard farouche mais pas effrayé, et je me suis emparé d'elle, l'ai retournée pour me serrer contre son cul et enfouir mon visage dans sa crinière. Je la sentais, cette odeur de femme, cette première odeur de femme qui, gamins, nous rend dingues, les cheveux non seulement propres mais épais, un bras autour de sa taille, l'autre sur ses seins.

« Dégage. Tu peux pas juste te pointer et me sauter…

— Et pourquoi pas ? » Je l'ai portée jusque dans la chambre. Toutefois, on n'est pas arrivés jusqu'au lit. J'ai tiré sur la fermeture Éclair de son jean et commençais à lui baisser le pantalon quand on est tombés sur la moquette, mais même le frottement des poils de laine sur mon genou égratigné ne m'a pas stoppé. J'ai ouvert son chemisier à carreaux, elle ne portait rien en dessous, et ses seins ont tout bonnement jailli. Pendant tout ce temps, j'entendais ses grognements, mais j'étais ailleurs. Je lui ai retiré sa culotte en la déchirant un peu, je l'ai mise sur le dos et l'ai maintenue d'une main tandis que j'enlevais mon pantalon.

« Tu ne peux pas… faire *ça* !

— Tu m'étonnes que je peux », ai-je dit d'une voix incroyablement naturelle.

Je lui ai enfoncé ma queue profondément, sans hésitation, une seule grande poussée jusqu'au bout.

Elle était mouillée et étroite, un vrai paradis. Elle a lâché un long gémissement, puis plus rien. Je l'ai repoussée contre le mur, entre le lit et la porte de la penderie, une jambe au-dessus de ma tête, l'autre, avec le jean et la culotte déchirée encore accrochés, calée sous mon bras.

« Oh, bon sang, tu as raison », ai-je dit et je me suis retiré. Je haletais comme si j'avais grimpé dix étages en courant.

Elle était encore contre le mur jambes écartées, bouche ouverte, le regard braqué sur moi.

Elle avait l'air un peu déçue.

Je suis allé dans la cuisine m'ouvrir une bière.

« Tu veux une bière ? » Pas de réponse. J'ai vidé la moitié de la mienne et suis retourné dans la chambre. Elle était presque toujours dans la même position. Je pouvais difficilement prétendre que je n'étais pas concerné vu que j'avais la queue qui brinquebalait sous mes yeux, donc je me suis contenté de rester là à siroter ma bière pendant qu'elle se relevait et remontait son jean.

« Ce n'était pas très gentil, a-t-elle dit enfin.

— Tu dois avoir raison. » Je me sentais bien et elle semblait avoir l'esprit clair. Je me suis assis sur le lit et je l'ai regardée finir de s'habiller.

Lorsqu'elle s'est tournée vers la glace pour se brosser les cheveux, je me suis levé et me suis mis à trembler. « Espèce de petite garce texane », ai-je dit, on s'est approchés l'un de l'autre, on s'est touchés et on a disparu.

*

On n'a pas vraiment disparu, mais c'est l'impression que ça m'a fait. Ensuite, tout m'est revenu clairement et j'étais allongé à côté de la plus belle créature que j'aie jamais vue. Je ne décrirai pas comment nous avons fait l'amour, les combinaisons sont limitées après tout, mais ce que nous avons fait était éblouissant et semblait totalement neuf, *notre* expérience, *notre* invention. Bien sûr, depuis que le monde est monde, les humains n'ont pas arrêté d'inventer ces savoureux passe-temps en croyant qu'ils étaient uniques. Est-ce de l'amour ? Qui sait ?

Ce qui est sûr, c'est que ça faisait du bien et que j'en voulais plus, beaucoup plus. Je ne savais pas comment se sentait Sonny parce que je ne sais jamais comment les autres se sentent, mais elle avait l'air plutôt contente, s'accrochait à moi et semblait irradier d'un amour brûlant pour moi durant tout le temps qu'on a passé dans cette chambre, et j'aurais aimé qu'on y reste ensemble pour toujours, parce que rien ne se répète jamais.

*

Le domaine Meador était situé sur Fourth Street à Santa Monica, au sommet d'une falaise au-dessus de la plage, entouré de cyprès, de pins et de cèdres du Liban, un assortiment de vieux bâtiments pas très hauts construits de manière anarchique, en stuc comme de la glace à la vanille et tuiles rouges, grands palmiers maigres avec de petites explosions de feuillage au bout et qui paraissaient pris de folie à côté des persistants. La petite Mercedes deux places marron clair était dans l'allée devant le garage fermé et on s'est garés juste à côté.

« Tu es déjà venue ici ? » ai-je demandé à Sonny. J'ai fait le tour de la voiture pour lui ouvrir la portière mais elle était déjà sortie et regardait autour d'elle.

« Non. » Nos bras et nos jambes n'ont pas cessé de se frôler tandis que nous contournions la maison et passions un petit portail en bois pour accéder à la piscine.

« Sont sans doute en train de nager », ai-je dit. Ses doigts m'ont touché le bras. Il faisait sombre et frais le long de la maison et je me suis arrêté pour l'embrasser, deux lents baisers, puis nous avons fait le tour de la grande serre et nous sommes avancés dans l'espace découvert. Un jardin et du gazon bordaient la piscine. Ici et là, des ensembles de meubles d'extérieur étaient installés sur la pelouse, mais Karl et Jim n'étaient visibles nulle part. À l'extrémité de la piscine, le vieux était assis dans son fauteuil roulant et s'adressait à une grosse femme en blanc.

Le vieux, Max, le père de Karl, avec sa peau tannée, ses lunettes de soleil et sa serviette blanche autour du cou, ressemblait à Gandhi en fauteuil roulant. Une attaque cardiaque l'avait salement diminué trente ans plus tôt et beaucoup de gens extérieurs au monde du cinéma le croyaient mort, d'autres le croyaient fou, ce qui ne ressemblait pas à Max Meador. Karl m'a raconté une fois que son paternel gagnait plus d'argent durant la première demi-heure de la journée que n'en verraient la plupart des gens de toute leur vie. Il se posait à côté de la piscine tôt le matin, buvait du café dans une micro-tasse, parcourait le *L.A. Times,* le *New York Times,* le *Wall Street Journal*, les rapports d'analyses boursières et je ne sais quoi encore, passait quelques coups de fil à son courtier ou à son banquier, et de véritables fortunes étaient déplacées d'un endroit à un autre, comme si l'argent n'était qu'une série de pions, puis le paternel allait se baigner, aidé par les membres de son personnel pour entrer et sortir de l'eau.

« J'aime rester actif », m'a-t-il déclaré un jour.

Sonny et moi avons traversé la pelouse pour le rejoindre.

« Mon Dieu, m'a murmuré Sonny, on dirait de la mousse tellement l'herbe est douce. »

Je lui ai expliqué qui elle allait rencontrer et elle s'est arrêtée.

« C'est comme rencontrer le pape », m'a-t-elle chuchoté et elle avait raison. Si Karl était un prince de Hollywood, alors son paternel était sans conteste un roi, et pas même détrôné, simplement exilé dans son propre jardin, si on peut qualifier ce parc de jardin, d'où il manipulait les corporations, les conglomérats et les holdings qui, eux, géraient les sociétés de production cinématographique.

« On m'a lancé dans la piscine », m'a raconté le paternel une autre fois. On discutait beaucoup, du temps où on apprenait à se connaître. « Un field goal parfait », avait-il précisé en riant. Max avait un rire doux et guttural avec une légère inflexion du Lower East Side.

Mais j'ai entraîné Sonny et nous avons attendu un peu à l'écart que s'achève la conversation entre le paternel et la grosse femme.

« Quelle langue parlent-ils ? m'a soufflé Sonny.

— Suédois, je crois. Karl m'a dit que son père l'avait appris juste pour faire plaisir à son infirmière.

— Ah », a-t-elle dit et je l'ai sentie se détendre. L'infirmière nous a salués et s'est dirigée vers les bâtiments.

Le vieux a penché la tête sur le côté. « J'ai vu ton partenaire il y a un petit bout de temps. Ils sont dans la maison. » J'ai présenté Sonny, et le paternel lui a tendu une main fine et brune à peine ridée qu'elle a serrée. Max n'a fait aucun commentaire sur son nom ; il évite de mettre les gens dans l'embarras sauf s'il y gagne quelque chose.

Je l'ai embrassé sur le front et j'ai dit : « Encore un film.

— Ah, on dirait que ça te rend amer. »

Même avec ses lunettes noires sur le nez, je voyais à la façon dont il nous regardait qu'il savait pour cet après-midi. Sur un coup de tête, j'ai pris la main de Sonny.

« Alors, a dit Max.

— Karl nous a invités à venir nager, ai-je expliqué.

— Je n'ai pas apporté de maillot, a dit Sonny. J'ai oublié. »

J'ai fait un geste vers les deux cabanons à l'autre bout de la pelouse. « Il y a tout ce qu'il faut là-bas, mais en général, on nage tout nus. Moi, en tout cas.

— Ne vous gênez pas pour moi, a dit le vieil homme en riant.

— Pourquoi tu ne viendrais pas avec nous ? Je te jette dans la piscine si tu veux.

— Je crois que je ferais mieux de me trouver un maillot », a dit Sonny.

J'ai commencé à retirer mes vêtements et les ai jetés sur la pelouse.

« Demande au majordome de brûler ça », ai-je lancé. Le vieil homme a ri de nouveau et je voyais ses dents qui, bien qu'un peu tachées, étaient encore les siennes.

« Tu crois que ces nippes vont pouvoir brûler ? » a-t-il demandé.

Sonny s'est dirigée vers les cabanons et j'ai sauté dans la piscine, rien n'égalant le choc délicieux de cette première et folle explosion, puis j'ai effectué une ou deux longueurs avant de venir m'accrocher au bord près du vieux, haletant.

« Allez, viens, ai-je dit.

— J'ai déjà nagé. Je préfère te regarder faire cent longueurs. » Mais j'étais distrait et je me suis contenté de rire poliment. La vérité était que Sonny me manquait déjà et que je la voulais près de moi. Max le savait aussi, le vieux chameau savait tout.

« Elle a l'air gentille », a-t-il dit.

*

Elle a émergé du cabanon dans un maillot d'un bleu éclatant, bras croisés sur la poitrine et marchant lentement, pieds nus sur l'herbe. Peut-être qu'elle avait peur de Max. Je me suis hissé hors de l'eau. Je devinais que Max était tout ouïe, même s'il avait l'air de s'être endormi.

« Tu as froid ? » ai-je demandé.

Elle m'a regardé timidement et je l'ai soulevée dans mes bras, elle si légère, et je l'ai lâchée dans l'eau. Après l'éclaboussure et le petit cri, j'ai entendu Max glousser. J'ai plongé à la suite de Sonny et nous avons fait une ou deux longueurs ensemble, et puis je suis ressorti pour la regarder nager. Elle faisait de longues brasses, comme dans les manuels, et j'ai pensé que si elle décidait de traverser la Manche à la nage, elle y parviendrait sans doute.

« Laisse-moi t'emprunter la serviette que tu as autour du cou, ai-je dit à Max.

— Non. Va en chercher une propre dans les cabanons. Tu as peur de la laisser seule avec moi ? »

On a entendu siffler depuis la maison. J'ai vu Jim et Karl traverser la pelouse, tous les deux en maillot. Je leur ai hurlé d'apporter des serviettes, alors Karl a bifurqué vers les cabines et Jim s'est dirigé vers nous, affichant ce sourire débile à bouffer de la merde qui le caractérisait quand il était vraiment cuit.

Toujours souriant dans ma direction, Jim a mis les poings sur les hanches.

« Tu as déjà nagé ? » ai-je demandé.

Il est tombé comme un poids mort dans la piscine et a rejoint l'autre bord en faisant la grenouille, comme je l'avais fait, puis il est revenu vers nous dans un crawl rapide qui l'a si bien vidé de ses forces que j'ai dû l'aider à sortir de l'eau. Il ne semblait même pas avoir remarqué Sonny, alors même que tout ce plan piscine était son idée. C'est pour ça que j'étais nerveux. Jim, le Jim magicien, le Jim du « Oh qu'il est merveilleux de tomber amoureux un jour comme celui-ci », idole d'un million de femelles en furie.

Mais pantelant et roulant des yeux, il n'a rien pu dire d'autre que : « Aarfff, la vache ! ». S'il avait dû récupérer Sonny à la nage pour la sauver, il n'y serait pas parvenu.

Mais bien sûr, comme un con, j'avais oublié qu'elle était la copine de Karl, ou du moins que Karl le croyait. C'était le connard magnifique qui débarquait les bras chargés de serviettes multicolores qu'il fallait que je garde à l'œil. Jim a vu la façon dont je lorgnais Karl, s'est tourné vers Sonny qui nageait toujours, et puis à nouveau vers moi et il a dit : « Ah ouiiii donc en fait… »

Le grand secret n'en était donc plus un pour personne, sauf pour Karl et sans doute pour Sonny. Ça devait se lire sur mon visage, j'imagine, et forcer le trait ne donnerait rien de bon.

Jim a dit *sotto voce :* « Pourquoi tu ne vas pas l'achever pendant qu'il a les mains prises ? »

J'ai plongé, nagé deux brassées furieuses, les yeux fermés, et une fois remonté à la surface, les cheveux dégagés du front, j'ai jeté un regard circulaire et vu Karl agenouillé près du bord qui tenait la main de Sonny en lui parlant tout bas. J'ai pris deux grandes inspirations et suis descendu sonder les profondeurs. Je voyais les jambes de Sonny contre le carrelage de la piscine, scintillantes. Je pouvais m'approcher et la faire couler, je pouvais vider mes poumons et m'accrocher au filtre du fond jusqu'à me noyer, ou je pouvais remonter et me comporter en homme.

Franchement, aucun de ces choix n'était particulièrement excitant.

Il l'aidait à sortir de la piscine quand j'ai grimpé l'échelle de l'autre côté, mais quand j'ai pris une serviette sur la pile et me suis assis près de Max, Sonny est venue se poser à côté de moi et m'a pris la main. On s'est regardés.

« Allez, détends-toi », a-t-elle dit.

Karl, l'éternel gentleman en public, s'est approché et lui a demandé si elle voulait quelque chose. Du café, un fruit, une coupe de champagne ? Elle m'a regardé une fois de plus.

« Oui, ai-je répondu, du champagne ce serait parfait. » Elle s'est tournée vers Karl et a renchéri : « Oui, pour moi aussi. » Karl a décroché le téléphone de la maison à côté de son père et a lancé les ordres. Max et Karl n'avaient pas échangé un mot et je me suis demandé s'ils étaient au milieu d'une de leurs fâcheries. Du point de vue de Max, sans son influence et ses conseils (prodigués à contrecœur), son fils aurait eu un mal de chien à se dégoter ne serait-ce qu'un boulot dans une station-service. Du point de vue de Karl, son père ne lui avait jamais témoigné le moindre respect parce que malgré ses qualités, ses initiatives, ses efforts, ses progrès dans les affaires, Max était toujours là, planant à cent mille au-dessus de lui et du reste du putain de monde. N'importe quel fils digne de porter le nom de Max devait surpasser son père, le détruire même, qui sait, afin d'obtenir son respect.

Mais après toutes ces années, ils vivaient encore sous le même toit, alors que Karl était devenu multimillionnaire dans sa propre niche (« Il n'a pas la moindre niche qui lui appartienne en propre ! » pouvais-je entendre dire Max avec mépris), et si certains soupçonnaient Karl de n'être que l'instrument de la sagesse de Max, ces soupçons venaient de gens qui n'avaient jamais vu Karl travailler ou qui ne comprenaient tout bonnement pas les arcanes de la fabrication des films.

« Tu me diras ce que tu penses du champagne », a déclaré Max quand un petit homme en veste blanche nous a servis avant de replonger la bouteille dans son seau à glace.

« C'est injuste, ai-je plaidé. Je ne vois pas l'étiquette.

— Tu bois beaucoup de champagne. Sois un homme et goûte-le. »

Je me suis assis et j'ai examiné les bulles un moment. « Il y a deux jours à San Francisco, j'ai bu le meilleur de ma vie. Ça va donc être mon élément de comparaison pour celui-ci. » J'ai demandé à Jim s'il se souvenait de ce fameux champagne, et il m'a adressé un regard vide. « Où ça ?

— Chez les diMorro, ai-je précisé, légèrement conscient d'avoir laissé tomber un nom dans la conversation.

— Ah oui, mais j'avais la tête ailleurs », a dit Jim en refusant d'entrer dans les détails. Il ne quittait pas Sonny des yeux, ce qui ne me dérangeait pas. Elle valait la peine d'être regardée. En revanche, quand c'était Karl… J'ai aspiré une gorgée de champagne, l'ai fait tourner dans ma bouche et l'ai recrachée dans l'herbe.

« Dégueulasse, ai-je annoncé à Max. Ça vient d'un de tes vignobles ? »

En réalité, il était délicieux, frais, bref, c'était du champagne, ce qui me suffisait.

« Je t'en envoie une caisse, a dit Max. Là-haut dans tes bois.

— Merci.

— Les diMorro du pétrole ? m'a demandé Karl. George ?

— Bon sang, ce que j'aimerais te sauter », a dit Jim.
Je n'avais pas besoin de me tourner pour savoir à qui il parlait.

*

On doit à ce bon vieux Max Meador d'avoir sauvé notre carrière il y a des années de ça en nous faisant jouer dans un film. Tout le monde croit que c'est Karl, mais c'est Max. À l'époque, Karl était producteur exécutif de télévision au studio, et notre manager nous avait conduits à lui dans l'ambition désespérée de nous obtenir une série. Nous avions déjà joué dans des séries, mais elles n'avaient jamais tenu plus d'une saison, donc après deux années de traversée du désert à vivre dans un motel de Santa Monica, à accepter des petits rôles et des pubs pendant que Jim prenait la route pour faire la tournée des night-clubs en solo, revenant clopin-clopant la plupart du temps, la tête pleine d'histoires plus ou moins drôles sur les propriétaires des clubs de province, l'agence a appelé pour organiser un rendez-vous au sujet d'un film à petit budget.

Jim et moi ne nous étions pas beaucoup vus. Il était marié et vivait dans la Vallée avec la femme qui lui avait mis le grappin dessus quand nous étions au sommet de notre carrière de pros du divertissement scénique, avant qu'on s'imagine bêtement pouvoir lâcher la dure vie des clubs pour le luxe insouciant de la vidéo, épouse désormais obligée de partager les années de pénurie, devant se contenter d'une seule voiture et se passer de domestiques. Cela ne dérangeait pas Jim, il avait grandi dans la pauvreté, mais Kitty a fait comprendre clairement qu'elle ne pouvait pas attendre que Jim et moi retrouvions un second souffle. Elle organisait donc des soirées pour tous ceux qu'elle arrivait à attirer dans ses filets, et abreuvait Jim des pires commérages circulant dans le milieu où vous appelez par son prénom la première personne croisée, même de très loin, et où tout le monde a au moins un très gros projet en cours.

Au même moment, un film à très petit budget sur des rats pris de folie avait connu un succès phénoménal, au point que les habilleuses, les machinistes, les acteurs et les secrétaires ne parlaient plus que de films sur des animaux fous, des chats, des serpents devenus fous, des mangoustes tueuses, des éléphants en furie, des baleines démentes qui venaient s'échouer sur les côtes, etc., de sorte qu'en arrivant au Polo Lounge du Beverly Hills Hotel, ni Jim ni moi ne nous faisions trop d'illusions. Kitty nous avait accompagnés, n'étant pas du genre à manquer un repas gratuit au Polo Lounge, et portait un pantalon moulant qui mettait en valeur son plus bel atout, un petit cul parfaitement épanoui qui vous invitait à l'attraper et à le serrer contre vous. Il y avait aussi Joe, le type de l'agence qui s'est depuis retiré du show-biz, et tous, assis dans notre box juste en face de l'entrée, nous tentions de ne pas regarder les gens vraiment importants qui nous entouraient.

« Jimmy Stewart, a dit Kitty.

— Ce n'est pas Jimmy Stewart, a répliqué Jim. C'est sa doublure pour les cascades, la plus grande folle de Hollywood, comment il s'appelle déjà ?

— Michael Hunt », ai-je dit.

Kitty m'a lancé un regard mauvais et a ajouté : « Je n'ai pas revu Jimmy depuis cette soirée caritative. »

Mais nous n'étions pas dans le coup, on le savait tous, nous étions simplement assis là, comme la moitié des autres clients, essayant de mettre sur pied le moindre petit deal qui nous obtiendrait un grand sourire étincelant de la personne à l'accueil et un petit arrêt de stars à notre table. Vous pouviez voir d'autres tables comme la nôtre, avec des agents en costume bleu foncé, accompagnés de leur talent en pull et jean, ou même en daim et perles puisque les mœurs commençaient à se relâcher à Hollywood, même si le moment où les agents eux-mêmes rappliqueraient au travail déguisés en hippies n'était pas encore venu, mais une chose demeurait intacte sur cette bonne vieille planète : les agents allaient ramasser le pognon.

« De quoi s'agit-il ? a demandé Jim à Joe. Des essaims de scorpions phosphorescents envahissent Scottsdale, Arizona, entraînant la chute du marché mondial des fausses turquoises ? »

Joe a ri nerveusement en regardant ses mains.

« Une créature géante entièrement conçue à base de produits pétroliers émerge des puits de La Brea et rachète le L.A. County Museum ? ai-je demandé.

— Deux comédiens de télé à la rue synthétisent de l'urine ? » a renchéri Jim.

Quelqu'un dans le box d'à côté nous a lancé un regard furieux à travers le feuillage.

« Deux timbrés se travestissent et arnaquent la moitié du département de police, entraînant un scandale qui va remonter jusqu'à la ligne de lingerie sexy Frederick's of Hollywood…

— Non. Vous chauffez, mais vous ne brûlez pas encore », a dit Joe.

Karl est entré dans la pièce, costume sombre, lunettes à monture dorée et le début d'une panse qui allait s'épaissir durant les années où il laisserait la marijuana annihiler sa volonté. Il n'a salué personne dans la salle et n'a pas non plus fait le tour des tables mais est venu droit sur nous, sourcils légèrement froncés quand on l'a présenté à Kitty. Joe craignait manifestement que Jim ou moi fassions échouer l'entretien, mais il ne nous connaissait pas si bien, ce n'était qu'un type parmi les dizaines de l'agence qui géraient les clients en panne de prestige avant de les refourguer aux préposés au courrier et à mon avis, il pensait que nous n'aurions pas le job, mais affinait son contact avec Karl Meador. Le déjeuner s'est malgré tout bien déroulé, Kitty était fascinée de rencontrer le fils d'un nabab, et Karl semblait savoir ce qu'il voulait, c'est-à-dire se tirer de la télévision pour se réorienter vers le cinéma et se lancer enfin dans l'interminable lutte de pouvoir contre son père, et pour une fois, Jim et moi avons fait en sorte de toujours avoir la bouche pleine – la nourriture du Beverly Hills est d'autant plus délicieuse après deux années à vous faire à manger dans une chambre de motel. Vers la fin du repas, Karl a déclaré : « J'aimerais vous présenter quelqu'un », puis il s'est tourné vers Joe : « À vous aussi, bien sûr » sur un ton qui sous-entendait que Joe ne serait pas convié au prochain rendez-vous, et nous avons fixé une date sans demander qui nous allions voir. Il pouvait aussi bien s'agir du réalisateur, du scénariste, ou de n'importe qui, à vrai dire.

C'était Max.

Jim est passé me chercher à Santa Monica dans la Rolls Royce qu'il avait achetée à la signature de notre premier contrat pour la télévision, avant que notre manager s'y croie un peu trop et nous appauvrisse par de mauvais investissements. Jim avait payé la voiture en liquide, mais elle appartenait désormais à la banque et il devait la conduire lui-même. Nous sommes arrivés au studio situé sur Olive à l'écart de Sunset (avant que tout déménage à Burbank), la secrétaire de Karl nous a fait du café, nous a dorlotés, cajolés, donné les contrats à lire et puis a fini par nous dire qu'en fait, Karl ne viendrait pas au bureau, qu'elle savait que ce n'était pas pratique, mais cela nous dérangerait-il de le retrouver chez lui ? On y serait à temps pour le déjeuner, a-t-elle ajouté, une limousine du studio nous y conduirait. Quand la limousine a longé mon petit motel, je me suis penché en avant et j'ai dit au chauffeur : « C'est là que je vis. » Il a ri et répondu :

« Oui, Monsieur. »

Je ne sais pas pourquoi Karl ne nous a pas simplement dit de le rejoindre chez lui. Nous n'aurions jamais deviné que nous serions présentés au patriarche puisque dans l'industrie, tout le monde le croyait estropié, fou et à la retraite.

Karl nous a accueillis à l'entrée et nous a entraînés dans la grande serre pleine de plantes tropicales, mais le paternel n'était pas là. Karl a soulevé le combiné d'un téléphone, il semblait en nage et agacé dans son costume sombre, pendant que Jim et moi jetions un regard circulaire aux différentes plantes et nous efforcions de ne rien faire d'idiot. Finalement, Karl a obtenu la réponse à sa question et nous a dit : « Désolé, suivez-moi. » Nous avons quitté la serre collés à ses basques. Parvenu à une porte à panneaux, Karl s'est arrêté pour frapper.

« Entrez » a dit une voix dure et gutturale, après quoi Karl a ouvert la porte et s'est reculé pour nous laisser passer. Le patriarche était assis dans un fauteuil roulant, certes, mais installé derrière un petit bureau, apparemment occupé, et il était en costume-cravate. La table était encombrée de papiers, de livres et de manuscrits et derrière le fauteuil du vieil homme, une fenêtre donnait sur les falaises et l'océan.

« Je vous présente mon père », a déclaré Karl. Il a prononcé nos noms et Max a acquiescé : « Asseyez-vous, Messieurs. » J'étais déjà nerveux, mais là, j'étais en état de choc. J'ai coulé un regard vers Jim qui semblait parfaitement calme et même ravi de rencontrer Max, tandis que j'essayais de garder une contenance. Karl, qui était assis sur un petit canapé en cuir à peine en retrait du bureau d'où il pouvait voir nos trois visages, a sorti une pipe de sa poche et a commencé à la triturer. Sans même le regarder, le paternel a dit : « N'allume pas ce machin ici » et Karl a rangé la pipe, croisé les jambes dans un sens, dans l'autre, genoux serrés, puis il a croisé les bras et décroisé les jambes, et à nouveau le paternel a pris la parole : « Arrête de gigoter comme ça » et Karl n'a plus bougé. Le vieil homme m'a souri, ses yeux bleus pétillaient ; il avait une tête à avoir une voix flûtée, mais la sienne était profonde et forte. Il était très bronzé, même à l'époque, et paraissait en forme, sain d'esprit.

« Monsieur Ogilvie, Monsieur Larson, voudriez-vous boire quelque chose ? Café ? Bière ? Thé ? Mon fils vous a-t-il proposé du thé ? Karl, va nous chercher du thé. »

Karl est resté à sa place et je ne pense pas que le vieux se soit attendu à ce qu'il se lève, mais il a enfoncé un bouton sur son bureau et a hurlé « Thé et café ! » à un niveau sonore si surprenant que j'ai dû légèrement sursauter parce que Max m'a dit : « Ne vous inquiétez pas, je ne hurlais pas sur vous, mais sur le vieux sourd à la cuisine.

— Qui croit toujours que les gens lui hurlent dessus », a dit Jim.

J'aurais préféré que Jim se taise. J'ai jeté un coup d'œil à Karl pour la première fois depuis les remarques humiliantes de son père et en retour, il m'a lancé un regard si plein de compréhension et de sympathie que depuis, j'ai beaucoup de mal à le détester, même s'il donne assez peu de raisons aux gens de l'aimer.

« Messieurs, a repris Max, dois-je m'adresser à vous en tant qu'équipe ou qu'individu ? Qui prend les décisions ? » Sans attendre de réponse, Max a poursuivi : « Je vous ai vus à la télévision et je suis surpris que vous arriviez à en vivre, même si Dieu sait que je ne comprends pas comment quiconque peut vivre d'un tel business. Mon but n'est pas de vous démolir ou de vous blesser, mais je veux mettre les choses au clair d'emblée : je n'ai pas envie de parler aux deux gars que j'ai vus à la télé mais à deux jeunes hommes prêts à admettre que jusqu'à présent leur carrière n'a jamais enflammé personne, encore moins le public. À mon avis, il faut repartir de zéro ou ne pas repartir du tout.

— Qu'est-ce qui ne va pas dans notre numéro ? ai-je demandé.

— Tout dépend de ce que vous entendez par cette question. Si vous cherchez à vous défendre, alors je dois vous dire qu'au fond, votre problème est que personne n'a envie de le voir, votre numéro ; si vous me demandez, d'homme à homme, ce qui ne va pas dans le but de vous améliorer, alors peut-être que j'aurai quelque chose à vous offrir et peut-être que nous pourrons faire affaire. Donc, que voulez-vous savoir exactement ? »

Jim et moi nous sommes regardés, sans savoir quoi dire.

« Très bien, a repris Max, j'ai donc toute votre attention, c'est bon signe. »

Le café et le thé sont arrivés et nous avons tous un peu traîné pour prendre ce que nous voulions et retrouver nos places, l'atmosphère chargée d'hostilité et de froide appréhension. J'avais le sentiment d'avoir été invité jusqu'ici pour divertir un vieux millionnaire qui ne savait pas quoi faire de ses dix doigts, je commençais à avoir chaud mais ce n'était pas le moment d'exploser, alors je me suis concentré sur mon café. Le paternel a passé un temps fou à essorer son sachet de thé, mettre la bonne dose de citron, etc. avant de reprendre la parole :

« J'ai vu ça des millions de fois et c'est toujours la même chose, les gens talentueux travaillent dur au fin fond de leur cambrousse jusqu'à attirer l'attention des gens du milieu qui les arrachent à leur bled en leur promettant qu'ils deviendront riches et célèbres, à condition d'arrêter leur numéro, de le changer parce que les gens de Hollywood, eux, *savent* ce que le public de la cambrousse veut voir ; alors ces jeunes talents se disent que les autres doivent avoir raison, ils conduisent des Cadillac, envoient leurs enfants dans des écoles privées, alors ils adaptent leur numéro pour que ça plaise à Pierre, Paul, Jacques. Ces types du milieu vous font vous sentir ignorants et stupides, parce qu'eux savent quelle musique jouer, quelles blagues raconter, quels vêtements porter, quelles stars inviter sur le plateau, et puis vient le grand soir et vous êtes à la télévision, tout seul, déversant de la merde sur le public, à vous demander ce qui est arrivé aux génies qui ont eu ces bonnes idées, parce que ce n'est pas sur eux que le public balance des tomates. J'ai raison ?

— Vous avez raison », ai-je répondu.

Max m'a lancé un regard perçant. « Ce que vous pensez pour l'instant n'est pas si important. Excusez-moi de vous le dire.

— Pardon », ai-je ajouté.

Il a ri et siroté son thé. « Il faut être un homme pour reconnaître son erreur. Je vous félicite.

— C'est normal.

— Et vous, Monsieur Larson. J'ai écouté certains de vos disques ici même. Vous avez une belle voix, elle donne bien et vous vous demandez sans doute pourquoi les adolescentes ne défoncent pas les portes pour se jeter sur vous, et pourquoi ce n'est pas vous qui recevez des disques d'or.

— Ça m'a traversé l'esprit. » Jim avait les yeux qui brillaient.

« Écoutez, vous perdez votre temps, vous êtes capable de chanter comme ci et comme ça, mais dans l'ensemble, vous chantez "Salut, je t'aime, marions-nous" et vos disques vont aussitôt prendre la poussière dans des entrepôts, et vous savez pourquoi ? Parce que les filles ne veulent pas épouser un type comme vous, c'est la dernière chose au monde dont elles rêvent, d'un mari comme un perdreau de l'année : ce qu'elles attendent de vous, c'est : "Salut, baisons un coup et à la prochaine". Vous chantez ça et elles seront prêtes à tuer pour vous avoir. »

Max a porté son attention sur moi : « Quant à vous, mon ami sarcastique. Vous a-t-il traversé l'esprit que les sarcasmes, c'est bon pour la cour d'école, mais pas au-delà ?

— Ça marche pour Bob Hope, ai-je rétorqué.

— Si vous voulez passer le reste de votre vie à faire du Bob Hope, alors je vous souhaite le meilleur, mais ne vous attendez pas à ce que quiconque vous écoute parce qu'au fond, qui s'intéresserait à vous quand tout le monde peut s'offrir à l'envi l'original et les six cents gars payés pour lui écrire ses gags quand il en a envie ?

— Pardon, ai-je dit. Je ne voulais pas avoir l'air de faire le malin.

— Bien vu, vous feriez effectivement mieux d'oublier de faire le malin parce que franchement, ça rend les gens malades, ils n'aiment pas qu'on leur dise qu'ils ont tort ou que tout va mal, même si Dieu sait que les choses ne pourraient pas être pires. Non. *Vous*, vous êtes le type que les filles veulent épouser, c'est votre vraie personnalité, le genre un peu lent mais pas idiot, Mortimer Snerd plutôt que Charlie McCarthy, mais pas stupide, le genre de bon gars qui ramène la paye à la maison et élève une petite famille de péquenauds. Est-ce que je suis clair ? »

Personne ne voulait parler. Karl nous regardait en alternance et nous regardions Max qui sirotait son thé.

Quelque chose dans cette réunion me gênait, et ce n'était pas que la façon dont Max la conduisait. J'ai réfléchi à ce que ça pouvait être, mais n'ai rien trouvé.

Puis, avec le silence, j'ai su : il n'y avait pas eu d'appel téléphonique. Difficile de vous dire l'effet que ça a eu sur moi quand je m'en suis rendu compte, mais je vais essayer : normalement, n'importe quelle personne ayant un peu d'influence à Hollywood passe des centaines de coups de fil par jour et à la fin de cette journée, a une liste longue comme le bras d'appels manqués. Dans une réunion normale, c'est-à-dire une réunion où rien ne va se décider, le Gros Bonnet, le type derrière le bureau, prendra entre un et dix appels pendant que vous êtes assis en face de lui avec votre agent. De plus, en général, dès que le Gros Bonnet décrochera, votre agent saisira l'un des autres appareils de la pièce et passera lui aussi un ou deux coups de fil, après quoi tout le monde s'excusera de l'interruption, s'ensuivront cinq minutes supplémentaires d'une réunion inutile et la secrétaire du Gros Bonnet vous interrompra à nouveau en s'excusant parce qu'il y a *un appel important :*

« Bonjour, Sidney ! » et le Gros Bonnet agitera son cigare dans notre direction comme pour dire « Je dois absolument parler à Sidney ! » Et ainsi de suite.

Bien sûr, plus vous montez dans la hiérarchie, moins vos réunions sont interrompues, l'idée étant, je suppose, que les seuls appels pouvant interférer viennent de gens encore plus importants que vous ou même que le Gros Bonnet.

Et bien sûr si c'est votre bureau, le Gros Bonnet, c'est vous. Bref, Max ne prenait pas d'appels et Karl non plus.

C'est là que j'ai compris l'importance de la réunion.

« Ben *merde* alors, Max, vous permettez que je vous appelle Max ? ai-je dit.

— Bien sûr, vous pouvez m'appeler comme vous voulez, a répondu froidement Max.

— Vous avez une idée de film pour nous ?

— Si vous pensez pouvoir vous contrôler, je vous en parlerai. » Karl m'a lancé un regard furieux.

« Le monde va mal, a repris Max. On s'enlise dans la guerre et le patriotisme n'existe plus. Les jeunes gens deviennent fous et les parents détestent les voir revenir à la maison. C'est l'impasse, aussi je crois qu'un modeste film qui ne s'attarde pas trop sur les choses de la vie mais qui fait son petit bonhomme de chemin, avec quelques chansons, de l'humour, une histoire d'amour, rien qui ne dérange trop les esprits, peut nous rapporter si on reste raisonnable dans les dépenses. Une sorte de film à l'ancienne, une série B. Ça vous intéresse ? »

Ça nous intéressait.

« C'est la plus vieille histoire du monde, plus vieille qu'Ésope, celle du rat des villes et du rat des champs. Ce ne sont pas de nouvelles histoires qu'il faut donner au public, mais une nouvelle matière. Je ne fais pas confiance aux nouvelles histoires, le public ne sait pas s'en dépatouiller, tandis qu'une bonne vieille histoire qui fascine les gens depuis deux mille ans, ça peut toujours être retravaillé et rendre heureux de l'entendre une fois de plus. Monsieur Larson est le finaud qui arrive de la ville et Monsieur Ogilvie le plouc de la campagne, c'est aussi simple que ça, sauf qu'ils s'aiment comme des frères et qu'ils tombent amoureux de la même fille. Apparemment, le gars de la ville a toutes les billes en poche, mais à la fin de la dernière bobine, c'est le gars de la campagne qui se marie et tous les spectateurs rentrent chez eux contents. C'est trop sentimental pour vous, les amis ? »

Pas du tout, pas du tout.

*

Après cette première réunion avec Max Meador, la limousine nous a raccompagnés au studio où nous avons récupéré la voiture de Jim et nous sommes retournés chez lui dans la Vallée. Nous ne savions pas si nous avions le boulot ou non, même si Max semblait confiant et nous avait même dit qu'on ne gagnerait pas d'argent sur le film.

« C'est mon film, avait expliqué Max. Si je gagne, je gagne ; si je perds, je perds. Quel que soit le côté duquel penchera la balance, vous les garçons, vous recevrez votre salaire. Et oubliez les pourcentages, vous n'en avez pas – les pourcentages sont uniquement bons à être divisés par les avocats, la garantie de se faire du mal. »

Personne n'a rien dit au sujet de Karl, le producteur du film, assis juste à côté, et même lorsqu'il nous a accompagnés à la limousine, il n'a rien dit qui aurait pu être interprété comme un fait.

Un petit tremble entouré d'herbe brûlée poussait devant la maison de Jim qui possédait également un double garage ainsi que des faux volets d'un vert décoloré. Le stuc qui la recouvrait était très fissuré, mais l'arrière était agréable, avec ses arbres, dont un saule pleureur, une jolie piscine et des meubles de jardin à l'ombre. Kitty était dehors, ne portant que le bas de son bikini et des tongs japonaises.

J'ai attendu dans la maison pendant que Jim sortait lui annoncer qu'elle avait un invité, mais j'ai tout de même jeté un regard furtif entre les voilages pour apercevoir les jolis petits seins qu'elle ne se lassait pas d'exhiber à tous ceux qui ne se montraient pas trop insistants, auquel cas, elle entrait dans une rage folle. Alors que Jim lui parlait, elle a défait la serviette qu'elle avait sur la tête, et si je n'entendais pas ce qu'il disait, Kitty, elle, acquiesçait de temps en temps et a mis au moins vingt minutes pour retirer ses bigoudis et ses épingles à cheveux.

Je suis allé me prendre une bière à la cuisine, avant de revenir à mon poste d'observation ; Kitty ne s'était toujours pas couvert les seins, et je savais que Jim serait contrarié si je débarquais à ce moment-là. L'air conditionné m'a fait frissonner. J'ai vidé ma bière et me suis rendu dans la salle de bains, émerveillé comme à chaque fois par l'eau bleue qu'on retrouve dans toutes les cuvettes de L.A., à croire que ses habitants détestent à ce point la banale eau du robinet qu'ils refusent même de pisser dedans. Finalement, je suis sorti, Jim pouvait bien aller au diable, et Kitty s'est enveloppée dans une serviette, mais pas assez vite.

*

C.C. « Chet » Eubank était un gars massif d'à peu près mon âge, avec des cheveux bruns qui semblaient avoir été trop brossés et des yeux bleu clair. Il venait du Connecticut, ou de par là, et il faisait soi-disant office de conseiller préféré du président en matière d'affaires du monde, qui n'avaient rien à voir avec les affaires étrangères ou celles de l'intérieur, et il avait également fait partie de l'entourage de Kennedy, même si on se demande bien ce que ce terme recouvre. Ce soir-là, au dîner en compagnie de Karl Meador, il passait pour un type modeste et sympathique, à l'aise avec ces personnages extravagants qu'on trouve en Californie, et j'avais remarqué un peu plus tôt, alors que tout le monde était rassemblé pour voir le dernier film en date de Karl dans la salle de projection derrière le salon, qu'il ne se privait pas de jeter d'occasionnels coups d'œil aux dames présentes dans la pièce. Le film n'est pas arrivé du studio à temps, une merde avec le réalisateur qui avait ouvert l'une des bobines pour opérer un quelconque changement, ou peut-être était-ce parce que le réalisateur n'avait pas été invité à la projection, ou bien que le transporteur censé livrer la pellicule s'était perdu, la version dépendait de la personne à qui vous vous adressiez, et au final, Karl a dû annuler la projection et se débarrasser des gens qu'il ne voulait pas nourrir, c'est-à-dire quatre-vingt-dix pour cent des convives, certains plus soûls que d'autres parce qu'ils buvaient depuis quelques heures en attendant l'arrivée de la pellicule. Finalement, ceux d'entre nous qui avaient été discrètement invités à dîner ont pris place à table : moi, Karl, Sonny, ce gars nommé C.C. « Chet » Eubank, deux actrices que je ne connaissais pas et Jim qui avait passé l'heure de cocktail à pioncer dans une chambre à l'étage et qui était désormais assis en face de moi, somnolent et maussade.

À cette table se trouvait également notre boss à Las Vegas, Gregory Galba, qui ne possédait pas vraiment le Golconda sans qu'on puisse non plus dire qu'il n'en était pas le propriétaire, et qui, chaque fois qu'il aboyait, forçait les gens à avoir un mouvement de recul, minimisant donc cette question de propriété. Gregory aboyait beaucoup. C'était un grand homme aux yeux noirs et au visage fripé, avec une moumoute rougeâtre qui rebiquait sans cesse à l'arrière de son crâne comme le cul d'un colvert, mais bien sûr, étant Gregory Galba, personne n'allait lui dire : « Gregory, t'as le toupet qui se barre par-derrière », si bien qu'il restait tel quel, une patte levée au-dessus de la nuque, et se retenir de rire n'était pas une mince affaire. Une rumeur racontait qu'après une méchante attaque cardiaque, Gregory avait traversé la frontière pour se faire greffer le cœur d'un autre gars. Je n'ai jamais cru à cette histoire mais j'ai vu un tas de fois la profonde cicatrice rouge qui lui barrait la poitrine. Gregory aimait jouer au tennis torse nu, et il aimait jouer contre moi parce que je ne lui laissais aucun répit.

Max, évidemment, avait disparu.

J'avais entendu un jour qu'il y avait une petite pièce derrière l'écran dans la salle de projection et que parfois, Max s'installait là moins pour regarder le film que pour observer les visages des spectateurs éclairés par la lumière de l'écran ; mais le type qui m'a raconté cette histoire m'a aussi dit que Max n'était pas handicapé, qu'il ne se servait du fauteuil roulant que pour intimider les gens, ce qui, si c'était vrai, faisait de Max le plus grand acteur de Hollywood. Mais je me posais quand même la question, pour cette histoire de pièce secrète.

Eubank parlait du temps où il effectuait son service militaire à bord d'un transport de troupes en route pour le Japon durant la guerre de Corée et de la fois où un homme avait été tué parce qu'il avait voulu garder la lumière allumée afin de lire sur sa couchette. Le meurtrier n'a pas passé une seule seconde en prison quand ils l'ont sorti de la cellule du bateau à Yokohama parce que le gouvernement ne parvenait pas à localiser les quatre-vingts ou quatre-vingt-dix témoins.

Le récit de ce meurtre m'était familier parce qu'il s'était produit la même chose à bord du navire sur lequel je me trouvais, et qui allait dans la même direction durant la même guerre. Je l'ai mentionné et il s'est avéré que Eubank et moi étions bien sur le même bateau, le U.S.S. *Mann.* Il faisait partie du personnel du journal publié à bord, travaillait deux heures chaque matin pour sortir de la ronéo le *Mann-U-Scrit*, et passait le reste de la journée sur le pont supérieur à faire des avions en papier avec les exemplaires de la feuille de chou qui planaient au milieu des poissons volants et des marsouins.

Pendant ce temps, j'étais en fond de cale à découper des poulets congelés douze heures par jour.

Chet m'a regardé avec un sourire. « C'était du sacrément bon poulet, dans mon souvenir.

— Le *Mann-U-Scrit* n'était pas mal non plus. » Apparemment, Chet avait encore un ou deux numéros du canard chez lui dans le Connecticut et il m'a proposé de m'en envoyer des photocopies.

Plus tôt, durant la Longue Attente, quand nous avions été présentés, Chet avait insisté pour me dire à quel point il appréciait nos films et les chansons de Jim, combien il était essentiel de créer des îlots de détente tels que nos films au milieu des eaux agitées du monde moderne. Maintenant que nous étions de vieux camarades qui avions servi ensemble, il semblait encore plus enclin à me parler et durant tout le début du repas, nous avons jacassé au sujet de Tokyo où il avait officié dans le First Radio Broadcasting & Leaflet Group, posté en centre-ville à composer des contes folkloriques en mandarin dans le but d'en bombarder l'Armée Populaire afin de miner sa résolution et dans l'espoir que sous l'impact de ces voix radiophoniques, les troupes renient le communisme et rentrent chez elles. Son récit était très marrant, mais dans les faits, cela a duré deux années entières et à l'époque, ce quotidien n'avait rien de drôle.

« Nous nous pensions plus importants que les vrais soldats, a-t-il dit. Nous étions fiers que notre unité ait le meilleur niveau d'éducation de toutes les unités basées en Extrême-Orient.

— Notre unité avait le niveau le plus bas, a déclaré Jim.

— Vraiment ? » a demandé Chet, prêt pour une bonne blague.

Mais Jim s'est contenté de le regarder sérieusement et a ajouté : « Oui, j'étais dans la fanfare », et il s'est de nouveau penché sur sa nourriture.

Depuis, Chet s'est rendu pour de bon en Chine à plusieurs reprises, d'abord avec Nixon, puis avec un groupe qui est resté six mois sur place et a travaillé dans les champs et les usines juste pour voir comment ça se passait là-bas, et il y a eu un ou deux autres voyages pour le compte du Département d'État.

« J'ai étudié la Chine pendant plus de vingt ans, m'a-t-il expliqué, mais cela ne m'a pas du tout préparé à la réalité du terrain.

— Vous seriez prêt à vous installer là-bas ? » a demandé Gregory Galba depuis l'autre bout de la table.

*

Chet a souri au gros visage revêche de Galba. « Peut-être que ce n'est pas la question. Peut-être que la question est : devrions-nous faire ici ce qu'ils font là-bas ?

— Et quelle est votre réponse, Chester ? » l'a interrogé le gros homme. Manifestement, Galba n'aimait pas C.C. Eubank, mais Chet a continué d'afficher son sourire jovial. Autour de la table, les autres petites conversations ont cessé.

« Eh bien, pour répondre à *votre* question, il faudrait déjà qu'ils m'attrapent, a rétorqué Chet, ce qui en a fait rire certains. Ce qui reviendrait à admettre que j'ai davantage de considération pour ma vie que de dévotion pour l'État – quel que soit le parti au pouvoir. En vérité, j'aime la bonne chère, mener grand train, et ce mode de vie est impossible en Chine de nos jours. » Galba a grogné en engouffrant au moins deux kilos de nourriture, ce qui ne l'a pas empêché de commenter : « Alors vous êtes comme nous autres, non ?

— J'espère bien. Je suis un peu trop vieux pour m'adapter aux rations chinoises.

— Et toi, l'expert ? » m'a demandé Gregory. Il a souri en regardant autour de lui, un grand sourire charmant de paysan. « Je vous présente mon analyste politique, un homme du peuple, a-t-il ajouté. Quelle est ton opinion sur la situation mondiale *vis-à-vis* de la République populaire de Chine ?

— Quand j'irai en Chine, ai-je répondu, je demanderai à avoir une fourchette. »

Cela entraîna une belle hilarité et le dîner se scinda à nouveau en petites conversations, Jim se montrant fort sérieux avec Sonny, et Karl avec Galba. Tous deux avaient des intérêts directs nous concernant puisque à l'instant où Karl en aurait terminé avec nous, nous filerions travailler à Vegas pour Gregory au Golconda qu'il ne possédait pas vraiment mais dans lequel, là aussi, il avait des intérêts, des intérêts suffisamment importants pour qu'il ait droit à son propre étage et que les employés évitent le regard noir de sa majesté s'il se trouvait à remonter les couloirs à grands pas du haut de son mètre quatre-vingt-seize, ce qui lui arrivait parfois, lui, le natif de Yougoslavie qui avait passé les premières années de sa vie dans une ville minière du Colorado avec d'autres Yougoslaves et qui n'avait parlé anglais, ainsi qu'il me l'a raconté une fois, « que quand j'ai compris que ceux qui avaient l'argent jacassaient dans cette langue étrangère, alors je l'ai apprise tout seul. » Et il l'a plutôt bien apprise, d'ailleurs, car il a désormais à sa disposition un océan d'hommes de paille dont il peut, par son influence, faire ou défaire les activités, entraînant la chute ou la remontée du marché selon son bon plaisir, ou pas loin.

Chet m'a adressé un petit regard narquois comme pour dire : « Est-ce qu'il n'est pas mignon ? » et a entamé une discussion avec l'actrice à ses côtés, me laissant avec Jody McKeegan, la comédienne qui avait accompagné Gregory, sa petite amie du moment plus ou moins officielle, une femme entre trente et trente-cinq ans, mais qui sait quel âge ont vraiment les gens, de nos jours ? Elle mangeait à bonne allure, et a levé la main pour que j'attende qu'elle avale ses pommes de terre.

« C'est vous qui allez prendre le relais après moi au Golconda, a-t-elle fini par dire.

— Ça me paraît tellement loin que ça me rend malade d'y penser.

— J'espère que vous viendrez me voir, a-t-elle dit avant de retourner à sa nourriture.

— Moi aussi », ai-je répondu sans le penser.

Elle m'a lancé un regard perçant, et là, j'ai compris pourquoi Galba se baladait avec elle plutôt qu'avec toutes les jeunes femmes plus sexy qui étaient à sa disposition. Je l'ai observée, n'ayant rien de mieux à faire. Elle mangeait comme un animal ; pas négligemment, mais de façon concentrée, s'empiffrant avec une expression de concentration distante, comme si après s'être nourrie, s'être trouvé un coin où se pelotonner et piquer un petit roupillon pendant deux jours, elle allait s'étirer au réveil, s'offrir un long bain paresseux et retourner à la chasse.

« J'ai entendu une histoire formidable concernant Max, a dit Gregory. J'espère que ça ne te dérange pas si je te la raconte… »

Karl a ri et s'est tapoté les lèvres avec sa serviette blanche.

« Certainement pas, j'en connais moi-même beaucoup.

— Ma préférée », a dit Jim qui ouvrait quasiment la bouche pour la première fois depuis le début du repas, si bien que tout le monde s'est penché pour l'écouter, ce qui a eu le don d'énerver un peu Galba, « est… », et la tête de Jim est retombée vers l'avant, comme s'il s'était endormi.

« Bref, a repris Galba, c'est l'histoire de cet acteur, Handsome Harry, sous contrat avec la MGM il y a de ça des lustres, à l'époque des contrats de sept ans, un grand mec qui savait lire, écrire et se tenir correctement sur un cheval, et qui avait gagné assez de galons pour être invité aux fêtes importantes. Un soir, il se vante devant les mauvaises personnes qu'il refusera toujours de travailler pour un homme comme Max, un exploiteur, que c'est une question d'*intégrité*, Dieu sait ce qu'il devait penser des gens pour qui il travaillait, du coup, mais bref, ça arrive aux oreilles de Max qui laisse alors entendre que lui, Max, a un projet pour cet acteur en particulier. Le studio ne veut pas de lui, le réalisateur ne veut pas de lui, mais Max dit : "Pas de Harry, pas de film." Les huiles de la MGM s'imaginent donc que c'est l'occasion de faire cracher Max pour les services du gars, la pauvre cloche recevant son salaire hebdomadaire et le studio empochant le reste.

« L'acteur apprend que le studio négocie avec Max et pète un plomb. "Plutôt mourir !" La MGM le suspend immédiatement, mais lui, il répond qu'il s'en fout, qu'il était de toute façon temps de se retirer de ce sale business et il s'en va vivre avec sa sœur à Santa Barbara, emprunte le voilier de cette dernière pour rejoindre les Channel Islands et tirer sur les cochons sauvages avec son calibre .38 afin de se calmer les nerfs. Pendant ce temps, à la MGM, ils perdent la tête, Max leur offre de plus en plus d'argent pour faire jouer cet acteur et l'amener sur le plateau "sain et sauf ".

« La MGM fait défiler les producteurs à Santa Barbara avec à chaque fois de meilleures offres, sans toutefois proposer de partager l'argent que Max a mis sur la table, juste des avantages et quelques options lui permettant de choisir sa prochaine voiture de fonction, ils menacent vaguement d'empoisonner son chien, ce genre de choses, des foutaises, bien sûr, mais l'acteur refuse tout en bloc. "Je ne travaillerai pas pour cet esclavagiste même à mille dollars la journée", répète-t-il avant de retourner sur les îles abattre des cochons avec son pistolet et deux ceintures de munitions autour du cou. Les gens du studio ne l'ont jamais suivi là-bas, craignant sûrement qu'avec le brouillard il fasse une erreur de jugement et descende l'un d'eux.

« Finalement, Irving appelle Max et l'interroge sur la valeur du gars, quelle est donc cette chose que seul Handsome Harry peut faire, et pourquoi Max propose-t-il tant d'argent à la MGM pour un acteur dont, franchement, personne ne voudrait s'il n'était pas sous contrat ?

« Max refuse de répondre. Il dit simplement à Irving : "Ne t'inquiète pas, je pense pouvoir me débrouiller sans lui", sauf que par le biais de l'agence, il continue d'essayer d'embaucher le type.

« Ce qui rend Irving dingue. Il aborde Max à une soirée et tente de l'amadouer, mais Max se contente de rire : "Je ne traite jamais d'affaires lors d'une soirée", ce qui est la plus grosse connerie imaginable et qui n'a fait qu'enrager Irving davantage. Puis le bruit a couru dans toute la ville que Max s'était rendu à Santa Barbara dans un énorme yacht emprunté à un ami et avait barré la route à Harry qui s'en allait à son massacre journalier de cochons ; je les imagine très bien, au milieu du brouillard, pris dans les courants, Max hurlant à l'acteur : "Monte à bord ou je te coule !" À cette époque, bien sûr, Max n'était pas encore en fauteuil roulant.

« Max et Harry passent des heures sur le yacht qui tourne autour de l'archipel, Max remontant sur le pont une fois de temps en temps pour balancer ses tripes à la mer vu qu'il est toujours malade en bateau, s'essuyer la bouche, jurer un peu et redescendre. Mais c'est inutile, Harry campe sur ses positions, même si Max est censé lui avoir dit : "Écoute, Harry, tu es pris au piège. Tu crois que parce que deux types comme Irving et moi te courent après, tu vaux plus qu'avant, mais c'est faux parce que tu ne comprends pas les types comme nous.

Nous obtenons ce que nous désirons parce que rien ne nous arrête. Tu n'es qu'un acteur ; de quelles ressources disposes-tu ? Je peux être sur ton dos pendant des années s'il le faut, mais toi, de quoi vivras-tu ? De l'argent familial ? De quoi ? Ta famille ne peut pas t'ouvrir les portes du grand écran, elle n'a pas assez d'argent, et le grand écran est ce que tu désires le plus. Moi j'ai ce pouvoir, Irving aussi, et nous avons aussi le pouvoir de t'en tenir éloigné, j'imagine qu'Irving te l'a déjà expliqué."

« Mais le gamin n'en démord pas, du moins c'est ce que raconte l'histoire et Max revient bredouille à Hollywood. Les gens savent que la situation est grave quand Max rate quelques rendez-vous en ville, qu'il reste chez lui et broie du noir à cause de toutes ces contrariétés, et voilà qu'Irving se pointe avec une offre généreuse : il propose d'acheter le script de Max et de produire le film lui-même. »

Galba s'est enfoncé dans son siège et a vidé son verre de vin, affichant l'expression impassible de tout bon conteur. « Irving a payé le script une petite fortune sans en avoir lu une ligne tellement il était persuadé que Max avait mis la main sur le gros lot, et pour rendre la chose encore plus vraisemblable, Max a insisté pour obtenir un pourcentage sur les profits du film. Évidemment, le script était la pire daube qu'Irving ait jamais lue, une vraie merde que Max avait payée trop cher et dont il n'avait pas su comment se débarrasser jusqu'à ce qu'il entende parler de cet acteur de la MGM qui s'était vanté que jamais il ne travaillerait pour Max.

— Et le film ? ai-je demandé. Il a été réalisé ?

— Bien sûr. Irving savait que Max gagnait sur tous les tableaux : il s'était fait rembourser le coût du script et avec son pourcentage, il pouvait même gagner de l'argent si par miracle le film était un succès. Irving était coincé, obligé de réaliser le film et de voir si Max l'avait royalement baisé, ou si, saisi d'un flair inédit pour deviner ce qui allait marcher, il avait su que ce script pourri et cet acteur à la mords-moi le nœud taperaient dans l'œil du public. Tu m'étonnes, que le film a été fait.

— Alors, vas-y, est intervenue Jody McKeegan, crache le morceau.

— C'est ça, le fond de l'histoire, a expliqué Karl. On ne sait pas ou plutôt, vous ne savez pas. Je me souviens très bien de cet épisode parce que j'étais rentré de la fac pour passer l'été à la maison et j'étais à bord de ce yacht, justement.

— Tu veux dire que je viens de raconter une histoire vraie ? a demandé Gregory, surpris.

— Naturellement qu'elle est vraie, a confirmé Karl. Cet été-là, Handsome Harry est venu à la maison tous les samedis matin jouer au billard avec mon père. Après tout, il doit sa carrière à Max. Le film a eu un succès phénoménal, il a cassé la baraque. »

Mais Karl ne voulait pas nous révéler le nom de l'acteur.

« Qu'est-ce que ça change ? Le type est mort, aujourd'hui. »

*

« Je ne comprends pas, a dit Jody. Harry faisait semblant sur les conseils de Max ? Il jouait la comédie ? Ou est-ce qu'il a vraiment refusé de travailler pour Max ? »

Gregory lui a tapoté la main. « Peu importe, non ? Imaginons que le gamin ait vraiment été cet idéaliste qui, pour des questions de principes, refusait de travailler pour Max. Si c'est le cas, alors Max a trouvé les bonnes paroles sur le yacht : il lui a rappelé qu'il n'allait pas crever de faim, quoi qu'il arrive, et puis il lui a reproché sa trop grande vanité, de n'être qu'un égoïste de plus qui faisait le jeu du système. »

Chet a ri. « Max n'achetait pas un acteur, il vendait un scénario. »

*

Jim m'a regardé. « Si bien qu'en empruntant le chemin de la vertu, Harry est devenu une star.

— Et il est mort », ai-je ajouté.

*

Chet Eubank s'adressait à toute la tablée, mais j'ai eu l'impression qu'il s'attardait sur Sonny.

« Imaginez que les choses se soient passées ainsi. Imaginez que vous êtes une figure publique, non, pas une simple figure publique, mais l'objet d'un mythe fabriqué d'une part par votre histoire familiale et de l'autre par le besoin qu'ont les gens de se référer à des figures mythiques. Et de la nature extraordinaire de vos frères martyrs. Imaginez par ailleurs que vous êtes le clown de la famille, celui qui se fait toujours surprendre, un rôle immuable, un homme brillant aux yeux du public, mais qui a toujours la main dans le pot de confiture. En plus de ces frères morts mais loin d'avoir disparu, la famille a démontré que son pouvoir était bien plus puissant que celui des gouvernements, le vôtre compris, et vous vous retrouvez propulsé sur le devant de la scène par hasard. Des gens que ça n'avait jamais effleuré fondent désormais en larmes dès que vous leur touchez la main, et des États où vous n'avez jamais mis les pieds vous proclament leur Fils Chéri.

« Mais sous cette surface couvent bien d'autres choses encore : un frère a une réputation sexuelle qui ajoute un profond pouvoir inconscient au mythe, un jeune dieu qui défie les limites, un mètre étalon génétique, un Adonis pour les femmes, un Achille pour les hommes. Dans l'opinion, vous êtes tous des démons pour la gent féminine, peu importe la réalité. Une nuit, vous vous retrouvez en voiture avec une jeune femme qui pourrait bien être une concubine officieuse – le public n'en attendrait pas moins – ou une inconnue – le mythe l'autorise aussi – en route pour une partie de pelotage, un rendez-vous galant, bref, ce qui se présentera, mais au volant, d'autres mains que les vôtres vous envoient tout droit vers les eaux glacées de la mort, aussi sombres qu'agitées.

« Vous êtes deux à vous extraire du véhicule et vous ne pouvez que vous interroger sur la lubricité de votre position. Une fois de plus vous avez le rôle du comique, le pantalon trempé et tombant, les quatre fers en l'air sur la scène internationale et tout le monde qui rit bien : “Ce ne sont donc pas tous des dieux !” Il vous faut deux heures pour regagner la soirée en question, et puis vous perdez encore du temps en félicitations et spéculations confuses, parfois même alcoolisées, du temps, du temps précieux qui défile pendant que vous vous séchez, vous réchauffez et que vous essayez de réfléchir à une façon d'empêcher les journaux de s'emparer aussitôt de ce fiasco.

« Mais voilà qu'on découvre la disparition de la jeune fille. La fille dont on disait qu'elle se glissait sur la banquette arrière des voitures durant les fêtes pour y dormir et faire passer les effets de deux verres de bière. La fille qui a disparu.

« Les autres, tandis que vous vous précipitez vers le rivage, espèrent encore, tous mais pas vous. Votre intuition est basée sur l'expérience de toute une vie – vous savez qu'elle est dans la voiture, vous savez qu'elle est passée du sommeil à la mort, vous savez les ennuis à venir, qu'il n'y aura aucun moyen de vous justifier, que toutes les explications se ressemblent, que vous êtes responsable, qu'on vous accusera et que la faute vous incombera.

— Donc, l'a coupé Gregory, ce type a moins peur d'un assassinat que d'un fiasco. »

Chet a eu l'air d'avoir été fouetté au visage par Galba – j'ai vu son regard parce qu'il s'est tourné vers moi justement pour que Galba ne le remarque pas. Il a rapidement retrouvé son aplomb, nous a souri et a dit : « Oui, j'imagine. Quoi qu'il en soit, c'est un sacrément bon politicien, sans doute le meilleur législateur de tous ses frères…

— Mais un pro du fiasco », a dit Galba. Chet a soupiré. « Oui. »

Sonny paraissait enchantée. On s'était caressé la main, frôlés du pied sous la table au début du repas, mais il ne s'était rien passé depuis un moment. J'ai envoyé un orteil en exploration, mais je n'ai eu droit qu'à un clin d'œil de Jim.

« J'ai envie de chanter une chanson », a déclaré Jim. Ses yeux brillaient. « Je veux chanter quelque chose sur le cul et les nichons. »

Il s'est levé.

« Cul et nichons, a-t-il chanté, cul et nichons, portez-leur un toast, au cul et aux nichons… »

Nous avons tous levé notre verre, mais je voyais que Chet était un peu heurté par le langage, et peut-être aussi par la façon dont Jim lui avait volé la vedette.

Galba s'en est aperçu, lui aussi.

*

Chet et Karl ont tenté de maintenir le débat à un certain niveau en parlant encore de politique, mais le dîner s'éternisait et nous étions pleins comme des outres, de vin et de nourriture. Ce bon vieux Gregory Galba a mis fin à la bienséance une bonne fois pour toutes en se penchant légèrement sur sa chaise et en laissant échapper une série de pets explosifs. Ça valait le coup d'avoir fait le déplacement, ne serait-ce que pour voir les différentes expressions, le visage de Karl se refermer d'un seul coup, celui de Chet accuser le choc. Galba lui a montré les dents :

> Tadam ! Il a laissé passer un pet
> Énorme et terrible,
> Direct à la face de…

Jody McKeegan a ri de manière immodérée et Chet a baissé les yeux vers son assiette.

Gregory a dit : « Qu'est-ce qui ne va pas, Chet, vous ne reconnaissez pas Geoffrey Chaucer ? Moi qui vous croyais sorti d'Harvard, promo 52… Ils ne vous enseignent pas les passages plus lestes ?

— *La fable du meunier*, a confirmé Chet doucement. J'avais oublié que…

— Votre problème, Chester, c'est que vous êtes une contradiction vivante, un gentleman politique. Vous n'avez sans doute jamais tué personne.

— Du moins jamais en employant ces moyens-là », a dit Chet faiblement, et les rires soulagés ont retenti, mais Galba ne voulait pas s'en tenir là. Il a ri à son tour, bu du vin et s'est resservi. On gazouillait tous au-dessus de notre vin, de notre café, etc. quand Galba a levé son verre :

« Aux culs et aux nichons sans lesquels aucun de nous ne serait ici. » Avant que le vin n'atteigne ses lèvres, il a ajouté à l'intention de Chet : « Qu'en pensez-vous ? Êtes-vous prêt à reconnaître qu'une jolie paire de seins luisants à côté de soi dans un lit douillet vaut toute la littérature du monde ? »

La repartie aurait été simple, mais c'est là que j'ai pigé ce que Galba avait pigé : Chet ne voulait pas se salir, refusait de prononcer certains mots devant des femmes, il se battait avec une main attachée dans le dos, pour ainsi dire. Et Galba s'efforçait de lui couper la tête.

« "Chante, Ô Muse, la colère d'Achille", a cité Chet de sa voix douce. J'imagine que vous avez raison puisque ici, dans le premier vers de la littérature occidentale, vous avez un homme si furieux qu'on lui ait volé sa femme qu'il refuse de se battre aux côtés de ses alliés…

— Super intéressant », a lâché Gregory. Il venait de vider son verre et un filet de vin brillant lui barrait le menton et, à la lumière des bougies, donnait l'impression qu'il bavait ; ce visage méchant, épais, qui ne concédait rien. « Le cul et les nichons régnaient déjà à l'époque et c'est encore le cas aujourd'hui.

— Surtout les nichons, a précisé Jim. Je les adore. Je serais capable de n'importe quoi pour les embrasser, les caresser ou simplement les regarder un moment. Et bon sang, nous sommes à l'instant même en compagnie de trois paires de seins, pour certaines à peine dissimulées mais toutes sublimes tant par leur forme que par leur *attaque*, dirons-nous, et pourtant on arrive à parler d'autres choses et à regarder dans d'autres directions ! Des nichons ! Vous vous rendez compte que quand vous étiez bébé, les seins de votre mère faisaient la taille de votre *tête ?* Votre première expérience de la nourriture, du sexe et du sublime, tout en un. Bon sang !

— On se calme », ai-je dit. Je commençais à me sentir un peu gêné pour les femmes présentes, même si en vérité, elles semblaient moins mal à l'aise que Chet ; en fait, elles ne semblaient pas gênées du tout.

« Les grosses queues, ça compte aussi, a déclaré Jody McKeegan.

— C'est en ça que tu te trompes », a dit Galba. Il paraissait s'amuser à présent, et pas tant parce qu'il bousculait Chet Eubank. « Tu as complètement tort, comme sur à peu près n'importe quel sujet, ma chérie, mon doux agneau, parce que si tu avais raison, les hommes se baladeraient en portant des vêtements soulignant la taille de leur bite comme les femmes mettent des vêtements qui laissent entrevoir leurs seins. Aucun homme n'a jamais réussi dans la vie à cause de la taille de sa bite.

— Tu as drôlement réfléchi à la question, a remarqué Jody avec un sourire, et je suis surprise. Je ne savais pas que tu faisais autant attention à la queue des autres…

— Cette conversation est en train de sombrer sous la ceinture, non ? » est intervenu Karl. Il arborait une expression amusée mais décidée à changer de sujet, et j'apercevais son petit doigt tapoter la base de sa coupe de champagne.

« Ouais, a dit Jim, tout en charme et malice. Remontons vers les seins.

— Vous savez, a dit Chet, voilà une chose étrange concernant la Chine. Le sexe ne semble pas y tenir une place aussi importante qu'ici, à moins que ce soit parce que le gouvernement contrôle la vie sexuelle de chacun et que tout a été refoulé…

— Ça doit être ça, a dit Galba. Et dans quelques années, l'ensemble de la population va péter une durite, avec viols en masse et passages par la baïonnette…

— Les choses évoluent, a modéré Chet.

— Bon d'accord, vous avez raison. À ce moment-là, l'OLP sera à la tête du gouvernement mondial et c'est eux qui organiseront les viols et les passages par la baïonnette.

— Cela ne me dérangerait pas de participer », ai-je dit mais personne n'a ri.

*

Un employé de maison est entré et s'est penché à l'oreille de Karl.

« Bonne nouvelle, a lancé Karl. Le film est arrivé. Ils l'installent. » Il parlait du film que nous aurions dû voir avant le dîner avec la foule de ceux qui étaient partis entre-temps.

« Pourquoi ne prendrions-nous pas le café avec un brandy dans la salle de projection ?

— Encore mieux que du pop-corn », a commenté Jody.

Gregory Galba s'est levé, nous surplombant de toute sa hauteur, et a fait le tour de la table pour tirer la chaise de Jody. Elle lui a lancé un de ces regards sexy par-dessus l'épaule, leurs corps se sont frôlés et pour je ne sais quelle raison, ça m'a fait aimer Galba malgré tout, même si je le connais depuis des années et que je ne partage aucun de ses avis, que je suis obligé de bosser pour lui, de l'entendre me donner des leçons, me snober, me bassiner ; ce petit chatouillement d'érotisme entre Jody et lui a tout effacé. Ce n'était qu'un type comme les autres pris d'un début de trique.

En fait, la pellicule du film que nous devions regarder avait un défaut, le réalisateur en personne se trouvait dans la cabine du projectionniste à trafiquer les bobines, bla bla bla, je n'écoutais déjà plus rien de ce qui se disait, je me suis servi une jolie dose de brandy dans une coupe avec un fond de champagne glacé et suis sorti dans le patio. La lune était haute à l'ouest, il n'y avait pas un nuage, une nuit chaude du sud de la Californie, l'odeur prégnante des fleurs du soir, presque un peu trop lourde mais pas tant que ça. J'ai trouvé un banc dans le noir sous une treille de vigne et me suis assis.

C'était agréable d'être seul quelques minutes. Cela ne ferait pas de mal à Sonny de savoir que je ne passais pas chaque minute à être dingue d'elle et qu'il m'arrivait de recouvrer ma santé mentale. En pensant à elle, à la façon dont elle se conduisait, sans chercher à impressionner tout le monde, à faire de l'ombre aux reines de la soirée, je me suis dit qu'elle s'en sortait très bien, de même que l'autre actrice dont je n'avais jamais appris le nom, à moins que je l'aie oublié, et vous ne demandez pas son nom à une actrice. Toutes les deux se débrouillaient très bien et j'ai éprouvé de l'affection pour elles. Toutefois, c'est Jody qui est sortie et s'est assise à côté de moi sur le banc.

« Enfin de l'air frais, a-t-elle dit. Qu'est-ce que tu bois ? » Je lui ai expliqué. « J'ai découvert ça au Japon. On appelait ça le boulet de canon tokyoïte. L'alcool n'était pas cher, détaxé, alors pourquoi se priver, armagnac au petit déjeuner, champagne, Canadian Club…

— Fais-moi goûter. » Je lui ai tendu le verre.

« Je crois qu'on appelle ça un French 75 dans la bonne société.

— Pas mal. »

Je lui ai proposé de lui en préparer un mais elle a refusé, et nous sommes restés assis côte à côte à regarder le patio sous le clair de lune.

« C'est une très belle maison, a-t-elle dit. Bon sang ce que c'est bien d'avoir de l'argent.

— Amen. »

Le problème était que j'avais très envie de me la taper. Ce n'était pas bien de ma part, c'était mal, très mal, c'était même sacrément dangereux, mais voilà, j'avais envie de me l'envoyer.

Elle m'a regardé et a ri. « Donne-moi une autre gorgée. » Elle a ri de nouveau et j'ai senti ses doigts sur ma nuque, délicats. Elle s'est penchée, m'a embrassé.

« Peut-être une autre fois. » Elle s'est levée et s'est éloignée.

Quand je suis retourné m'installer dans la salle de projection, Sonny était entre Karl et Chet, l'autre actrice était derrière eux, et tout ce beau monde bavardait joyeusement. Mais Sonny avait l'air d'une gamine après Jody McKeegan, le visage pas encore formé, son rire presque trop innocent. Jody et Galba n'étaient pas dans la pièce, et Jim était assis tout seul dans son coin, en bas près de l'écran. Je me suis laissé tomber à côté de lui.

« Il est là ? ai-je demandé.

— Qui ça ? Ah, Max ? On devrait aller jeter un œil. » Mais aucun de nous ne s'est levé.

« Qu'est-ce qui retarde tout comme ça ? ai-je fait.

— Peut-être qu'ils attendent une apparition de Max. Je ne sais pas, mais je m'ennuie ferme. Très ferme. »

N'ayant rien à répondre, je suis resté assis avec lui à patienter. Finalement les lumières se sont éteintes et le film a commencé. En cinq minutes, j'ai su que ce n'était pas le genre de film que je m'embêterais à aller voir au cinéma. Heureusement pour moi, un raccord a sauté et les lumières se sont rallumées.

Chet a descendu l'allée. « Allons boire un verre », a-t-il dit. Je ne me suis pas donné la peine de préciser que pour obtenir à boire, il suffisait de décrocher le téléphone et je l'ai suivi.

*

« Le président aime vraiment beaucoup votre duo », nous a confié Chet. Nous étions au petit bar au fond du salon.

« Tu l'as déjà dit, ai-je répondu. Un grand merci au président. » Comme Chet sirotait son brandy, j'ai profité du silence pour ajouter : « Ça fait très plaisir de savoir qu'il y a des gens qui s'intéressent à ce qu'on fait.

— Alors je dois te dire que quand il a appris que j'allais passer quelques jours dans le sud de la Californie, il m'a téléphoné et a voulu absolument savoir si j'allais vous croiser et si c'était le cas, que je vous transmette ses meilleurs vœux.

— Eh bien, c'est drôlement flatteur.

— Personnellement, je trouve merveilleux qu'il se détende en regardant un film, ou même la télévision, ne serait-ce que deux heures. Un moment de relâche avec un film, de l'humour, ça peut faire toute la différence. »

Et j'ai pensé : allez, mets-toi à table. Au lieu de quoi j'ai répondu : « C'est pour ça que nous existons.

— Vous avez déjà visité la Maison Blanche ? Je sais que vous n'avez pas rencontré le président puisqu'il me l'a dit, non sans une pointe de regret, comme s'il espérait vous connaître.

— Non, jamais été. On n'a même pas réussi à avoir nos noms sur la liste noire de Nixon. »

Chet a ri et a regardé ostensiblement sa montre. « Je me demande quand le film sera prêt.

— Je ne suis pas sûr que ça m'intéresse. Grosse journée demain.

— Moi aussi. Je dois appeler la Maison Blanche. Un message particulier à faire passer ?

— Euh, bonjour et continuez comme ça ? » Une fois de plus il a éclaté de rire.

« Pour être honnête, il faudrait le tourner de manière plus chaleureuse encore parce que je sais qu'un fan est un fan et que le statut de président n'y change rien, et je crois que vous devriez vous attendre à recevoir une invitation à la Maison Blanche, mais un peu plus tard dans l'année, bien sûr, quand les choses se seront un peu calmées. »

Bruit d'explosion.

Je lui ai répété que tout cela était flatteur, que j'étais persuadé que Jim serait ravi, aussi ravi que moi, et combien je souhaitais que Chet transmette au président notre double ravissement à la perspective d'une invitation. Aucun de nous n'a abordé la question d'une date éventuelle. Il a ramené la conversation vers notre vieux transport de troupes, le U.S.S. *Mann*, et m'a fait rire en décrivant une partie de poker qui avait duré deux semaines et s'était tenue dans le bureau du journal, après quoi il m'a raconté une ou deux histoires sur la vie à Washington, a regardé encore sa montre et dit : « Bon, j'imagine qu'il est temps de retourner voir le film », et a versé un peu de brandy dans son petit verre à bière.

« Ne rebouchez pas », a lancé Gregory. Il a passé le rideau et s'est assis à côté de moi, coudes sur le bar, verre tendu. L'arrière de son toupet rebiquait de plus belle, ce qui me faisait dire qu'il avait dû s'enfoncer dans son fauteuil de la salle de projection. Chet et moi avons échangé un regard. Hé hé.

« Versez-m'en une bonne dose, Chester, et ne jouez pas les conservateurs avec moi, a dit Galba.

— Bien, Monsieur, a répondu Chet en s'exécutant.

— Voilà un bon garçon. Vous deviez être serveur du temps de Harvard.

— Trop occupé à étudier l'Orient », a rétorqué Chet. Le ton était à la plaisanterie, mais pas les rides d'expression autour de sa bouche.

« Vous travaillez avec Ed ? a demandé Galba.

— Je *travaillais* avec Ed, a corrigé Chet, le visage à présent fermé. Je crois qu'il est temps de regagner la salle de projection.

— Allez-y, j'ai deux mots à dire à Ogle », a déclaré Galba, prenant le commandement de la pièce et de ceux qui s'y trouvaient. Il m'a lourdement tapé dans le dos. Puis il a affiché un air obscène. « Je t'ai vu qui embrassais ma dame, Ogle. Qu'est-ce qui se passe ?

— On avait prévu de s'enfuir tous les deux. Tu n'étais pas censé être au courant. » Mais les poils se dressaient sur ma nuque et j'ai soudain senti la sueur qui me coulait du front. Pas assez, espérais-je, pour que ça se voie.

« J'espère que tu as les moyens. Une des sacrées bonnes femmes les plus incroyables que j'aie jamais rencontrées. »

Chet était parti. Il ne restait plus que ce bon vieux Gregory et moi.

« Je m'inquiète pour Jim », m'a-t-il avoué.

*

« Pourquoi ça ?

— À cause de toi, mon jeune ami. Qu'est-ce que tu sais de la situation actuelle de Jim, au juste ?

— Qu'elle n'est pas trop mauvaise, me semble-t-il.

— Jim est ce que nos amis juifs appelleraient un *macher*, a dit Galba en me crachant presque dessus avec son yiddish. Il aime qu'il se passe des choses, il aime en être. Il est toujours *dans l'action*, si tu vois ce que je veux dire. »

Je voyais surtout qu'il me parlait d'un homme que j'avais connu presque toute ma vie, mais j'ai acquiescé, regardé au fond de ma coupe et me suis efforcé de ne pas taper du pied contre le tabouret du bar. Un employé de maison est entré pour nous annoncer que le film allait reprendre et Galba l'a renvoyé d'un geste de la main.

« Tu es différent », m'a-t-il dit. Maintenant il allait me parler de quelqu'un que j'*avais* connu toute ma vie. Pas étonnant qu'il ait un tel succès dans le business. « Tu es un type plutôt relax, tu as trouvé ta petite niche, tu fais un film, un ou deux passages à la télé dans le genre du *Tonight show*, un mois au club et tu es content. Tu as l'air de bien connaître tes limites. En fait, je t'admire. Tu as suivi les bons conseils, utilisé une petite dose de talent que tu as rentabilisée comme un homme qui ne soulève jamais de charges trop lourdes. Ce n'est pas une insulte, pas la peine de me regarder comme ça, c'était un compliment. Tu crois que je me prends pour un génie ? Je suis un homme qui aime jouer et déteste perdre, c'est l'histoire de ma vie, et par bien des côtés, tu es pareil. Jim n'est pas comme ça et tu le sais, bon sang, puisque tu le connais sans doute mieux que quiconque, mais peut-être que justement, tu le connais un peu trop bien et que tu oublies qu'il est différent de toi, plus délicat, plus gourmand, une personnalité plus mystérieuse, tu vois.

« Bon, et maintenant, pense à cette idée bien à lui de ne rien vouloir tenter en solo.

— Hein ? ai-je fait, ou quelque chose d'approchant.

— C'est quoi cette histoire, tu peux m'expliquer, toi ? J'ai besoin de ton avis sur cette question et ça ne me dérange pas de te le demander. Pourquoi est-ce que Jim a peur de travailler sans toi ?

— Je ne savais pas que c'était le cas. Écoute, ça ne me plaît pas trop de parler de mon partenaire... »

Galba a souri avec charme. « Je sais, *je* comprends, mais *tu* dois comprendre que contrairement à toi, Jim est *impliqué* dans beaucoup de choses, et que certaines de ces choses ont tout à voir avec mes intérêts personnels.

Imaginons que j'aie recommandé Jim à des gens, en tant qu'associé et employé, mais que l'accord passé n'ait pas été respecté. Qu'il n'y ait pas eu de remboursement, par exemple. N'aie pas l'air si choqué, Ogle, tu sais bien que Jim ne sait pas gérer son argent. Qu'est-ce que tu fais du tien, d'ailleurs, je ne te vois jamais aux tables et je n'entends jamais dire que tu participes à quoi que ce soit ; qu'est-ce que tu en fais, tu l'encaisses chez l'épicier et enterres la monnaie dans des bocaux ?

— J'achète des chèvres, par contrats à terme, ça couvre les risques, ai-je répondu mais ça n'a eu pour résultat que d'impatienter Galba.

— Jim souhaiterait vraiment diversifier ses activités.

— Très bien. Il me demande rarement mon avis sur quoi que ce soit, donc…

— Mais il nous a expliqué que toute diversification devrait se faire avec toi. Inutile de te dire ce qui est en jeu, des yens, des livres sterling, des marks…

— Des roubles, des roupies, et des francs…

— S'il te plaît, ferme-la quand je te parle, a-t-il dit chaleureusement en y ajoutant une gentille tape sur la main pour atténuer la piqûre des mots. Les dollars c'est formidable, mais imagine une tournée internationale, pour vous les gars… »

Une explosion. Puis une autre.

« … ferait rentrer des sommes d'argent pas du tout superflues. Inutile de te rappeler le succès que connaissent vos films dans certains coins de la planète comme le Japon ou l'Afghanistan et un peu partout ailleurs.

— Gregory », ai-je dit en me levant. J'avais les mains qui tremblaient. « Ma position est claire, et je pense avoir toujours été clair : je ne veux pas entendre parler d'une tournée mondiale, d'une soirée caritative ou d'un week-end au Mexique. »

L'homme pouvait être monstrueux, mais il pouvait aussi vous achever à force de charme et c'était son charme que je craignais le plus. J'ai reculé vers le rideau.

Il a souri et s'est avancé vers moi. « Ne te mets pas dans tous tes états, David. Mais cette conversation ne peut pas s'arrêter là. Je ne sais pas si tu te rends compte dans quel pétrin est Jim…

— Il ne l'est pas assez pour m'en parler, en tout cas.

— Mais c'est bien le problème. Tu es la dernière personne à qui il en parlera. On vous connaît, les enfants, on sait comment vous êtes. Si Jim venait te trouver en disant : "Dave, mon vieux, j'ai besoin de bosser à l'étranger, juste une fois, une tournée mondiale, histoire de me remettre à flot", non seulement tu serais obligé d'accepter, mais aussi de lui donner une claque dans le dos, de le cajoler, l'embrasser, et lui dire qu'il n'y a pas de meilleur endroit pour une tournée que le monde entier. Pas vrai ?

— Pas nécessairement », l'ai-je contredit faiblement. J'avais laissé ma satanée coupe sur le bar et j'avais le gosier sec.

« Donc il ne *peut pas* te parler, parce que tu ne peux rien lui refuser.

— Gregory, on dirait que tu as déjà pensé à tout, mais je te rappelle que notre contrat… »

Il ne m'a pas interrompu verbalement, mais a eu l'air triste, comme un parrain de la mafia forcé de tuer son chien, et je l'ai aussitôt fermée au sujet du contrat. Ce n'était pas un bon argument de toute façon ; le contrat stipulait juste que je travaillerais ici et là et nulle part ailleurs. Tout cela avait déjà été tenté avant et serait tenté à nouveau plus tard, rien ne me surprenait si ce n'est l'intensification – ce n'était plus un ou deux spectacles à Reno ou Atlantic City, pas une commande pour Buckingham Palace, pas une visite à un tournoi de tennis à

Monaco, mais une tournée mondiale, couronnée par une apparition triomphale à la Maison Blanche, parce qu'il ne faisait plus aucun doute que Galba et Eubank étaient de mèche, malgré l'animosité bien orchestrée.

« Allons voir le film, ai-je proposé.

— Je l'ai déjà vu, a-t-il rétorqué rapidement. Reviens ici et assieds-toi. »

Je me suis exécuté.

« Il y a du champagne, là-dessous ? » ai-je demandé. Il n'y en avait pas, et nous avons dû en réclamer.

Cela allait durer un moment. J'ai fait rouler la bouteille de champagne dans son seau à glace et je me suis versé une coupe.

« Au fait, tu as le toupet qui rebique sur l'arrière », lui ai-je indiqué.

*

Il y avait des explosions dans tous les sens à l'écran lorsque je suis retourné à la salle de projection, et j'apercevais Karl et Sonny baignés dans la lumière, têtes penchées l'un vers l'autre, sans doute main dans la main et pieds entrelacés. À leurs côtés, Chet et l'autre actrice, et tout près de la porte, Jody. Galba était aux toilettes. J'ai sifflé en direction de Jody qui s'est approchée de moi.

« Où est Jim ? ai-je demandé.

— Il est parti. On fixait la pellicule quand il s'est levé, nous a chanté une chanson, a dit qu'il s'ennuyait et il est parti. »

Le corps massif de Galba est apparu dans le couloir.

« Encore vous deux », a-t-il lancé et il a pris Jody par le bras. Alors qu'ils rentraient dans la salle, il a ajouté à mon intention : « Réfléchis à tout ce que je t'ai dit », et j'ai répondu :

« Je n'y manquerai pas. »

Naturellement, le brandy ne nous avait conduits à aucune conclusion, les harangues de Galba n'étaient que la première phase d'un combat de longue haleine afin que Jim et moi diversifiions nos activités pour une rentabilité maximale, comme aurait dit Galba. Je me demandais où était passé Jim, même si je n'étais pas inquiet, je voulais juste quelqu'un à qui parler. J'ai fait un tour sur le devant de la maison et j'ai vu que ma voiture n'était plus là. J'en ai déduit que Jim et l'Alfa étaient ensemble. Je ne voulais pas voir le film alors j'ai jeté un coup d'œil à la petite Mercedes deux places de Karl ; les clés étant sur le contact, je suis monté dans le véhicule et j'ai franchi le grand portail. Je suis très vite arrivé sur Sunset Boulevard Speedway, avec tous les caïds en Mercedes roulant en direction de L.A.

Je me sentais assez mal, je crois. Au lieu d'aller à l'hôtel, j'ai tourné dans Holmby Hills et me suis arrêté devant un autre grand portail, si ce n'est que celui-ci était fermé, verrouillé et gardé par un large miroir qui renvoyait votre image vers une caméra et vous exposait aux regards des gens de la sécurité installés dans le Manoir. J'ai attendu une minute et une voix éraillée m'a demandé qui j'étais, alors j'ai un peu mieux exposé ma tête à la lumière et j'ai souri à la caméra. Le portail s'est ouvert.

Il s'agissait du Manoir Playboy. Quand Hefner était en ville, il y avait presque toujours une fête organisée et de toute évidence, Hefner était bien en ville sinon le portail ne se serait jamais ouvert. Arrivé au bout de l'allée, j'ai vu un peu plus d'une vingtaine de voitures garées en cercle, et d'autres encore rangées plus loin, sous l'arcade menant à la sortie de derrière. À ce même endroit, il y avait aussi les cages anticycloniques réservées aux Dobermans, une petite mesure de sécurité prise par le personnel depuis l'affaire Manson. Je compatissais totalement, ce que j'avais dit à Hefner :

« Toute personne s'introduisant chez vous *devrait* être déchiquetée par des chiens. »

Puisque mon Alfa se trouvait parmi les voitures, je savais que Jim était dans les parages. Dans le salon du Manoir, un groupe de gens regardait un film, assis sur des coussins par terre, et j'ai reconnu les visages de ces jolies filles qui exhibaient leurs seins et leur cul dans les pages de *Playboy*. Je ne sais pas pourquoi, mais chaque fois que je voyais l'une d'elles, j'étais pris d'un pincement de colère ; peut-être parce que je me disais :

« Ces nanas sublimes défilent devant moi et je n'en profite même pas. » Il suffisait de venir ici pour les voir par grappes entières. Des types venaient simplement traîner au bord de la piscine où l'on encourageait ces filles, même si elles n'en avaient pas vraiment besoin, à nager, s'ébattre dans l'eau et prendre le soleil en tenue d'Ève, ce qui rendait ces mecs fous puisque par ailleurs, elles avaient toute liberté de se refuser à eux.

Ni Jim ni Hefner ne regardaient le film, même s'il y avait plusieurs visages bien connus dans le lot et certains que je connaissais personnellement. Les fêtes organisées au Manoir attiraient toujours des célébrités, jamais le noyau dur de l'industrie cinématographique, mais la crème des égotistes. Jim et moi étions parfaitement à notre place.

Je me suis dirigé vers la piscine mais à part un ou deux couples que je n'avais jamais vus, il ne s'y passait rien, ce qui m'a poussé à retourner à l'intérieur où j'ai commandé un boulet de canon tokyoïte et me suis assis pour regarder le film. Il était déjà sorti en salles. Ici, pas d'avant-première, et j'en ai eu mal au cœur de voir à quels moments les gens riaient. Les acteurs n'avaient qu'à dire « fils de pute » ou « saloperie ! » pour que tout ce petit monde soit plié en deux. Ils étaient drôlement sophistiqués, ces spectateurs, ils poussaient des cris de terreur quand l'héroïne était en danger, applaudissaient et hurlaient comme des enfants quand le héros passait un mur, une fenêtre ou s'extirpait d'un trou, mitraillant à tout-va, poings sur les hanches. Assis par terre, genoux ramenés contre leur poitrine ou serrant la première lapine à proximité, se trouvaient des hommes qui, pour une poignée de dollars, seraient capables de mettre le feu à un village et d'allumer leur cigare aux flammes de l'incendie ; mais là, ils cacardaient comme une maudite volée d'oies devant une scène d'un sentimentalisme tellement cynique que j'ai dû détourner le regard pour ne pas sangloter moi aussi.

En d'autres termes, c'était un groupe de gens normaux. Quant à moi, j'étais clairement de mauvaise humeur.

Jim est descendu de l'étage tandis que le film touchait à sa fin, le héros en sang mais prêt à baiser, et ça tombait bien parce que l'héroïne dans ses bras était à moitié nue. Les larmes coulaient comme de la glycérine sur tous les visages qui m'entouraient.

« Haut les mains, bande d'enculés ! a hurlé Jim. C'est un braquage ! »

Une heure plus tard, j'étais par terre moi aussi, applaudissant et chantant, alors que Jim poussait le groupe à l'accompagner, brandissant mon verre et serrant de temps en temps la fille à ma gauche ou me blottissant contre celle de droite.

Hefner n'était toujours pas apparu. Quelqu'un a dit qu'il dormait en haut et quelqu'un d'autre qu'il était parti. Cela ne changeait rien pour moi, je noyais mon chagrin dans le champagne, le brandy, le parfum et la sueur de charmantes jeunes femmes.

*

Plus tard, nous nous sommes assis sur la pelouse, loin de la piscine et de la grotte pour ne pas être dans la lumière. On se passait la bouteille en discutant. Jim était jambes croisées, courbé vers l'avant, et moi appuyé sur un coude. Je ne sais pas pourquoi, mais j'essayais d'expliquer à Jim à quel point Sonny m'avait blessé et bouleversé, que pour une fois j'étais vraiment tombé amoureux d'une fille, une attirance authentique et instantanée dont je n'arrivais pas à me débarrasser malgré tous mes efforts, mais Jim ne faisait pas vraiment attention. Oh, il faisait ce qu'il pouvait, assis là à se balancer d'avant en arrière, sachant qu'il était obligé de m'écouter même s'il s'ennuyait ferme, qu'il n'avait pas envie de m'entendre et aurait préféré dire : « Bon sang, mais chope une des nanas qui dansent à poil sous la lune par là-bas, elles sont toutes plus jeunes et plus jolies que Sonny, renverse-la sur l'herbe, tire ton coup et tu verras que tu l'auras oubliée, ta Texane », mais il se taisait parce qu'il serait insultant de traiter mes émotions aussi légèrement ; renfrogné, il pensait à autre chose, agitait un pied, baissait les yeux, balançant son corps non pas au rythme de la musique qui nous parvenait de la piscine mais à contretemps, impatient de s'échapper. Mais je ne le lâchais pas. J'étais soûl et je voulais que mon partenaire entende mon message pathétique. Il enchaînait les « ouaisouaisouais ».

« Merde, en fait t'en as rien à foutre, ai-je fini par dire et je lui ai repris la bouteille dont j'ai dû descendre trente centilitres d'un coup.

— Je m'en fous pas du tout. Qu'est-ce que tu veux que je fasse, que je te tape sur l'épaule et te raconte que tout va s'arranger ? » Je voyais ses dents à la lumière de la piscine.

« Ça ne s'arrange pas. Ce sont des affaires de cœur, mon ami.

— Mais non, bon sang. Je veux que tu viennes avec moi. On va aller trouver cette garce. Elle est sûrement dans le putain de lit de Karl à cet instant même, bordel.

— Je me demande ce qu'ils font.

— Ils attendent qu'on leur saute dessus depuis la fenêtre.

— Vieux, depuis combien de temps t'es sur cette planète ?

Tu sais pas que c'est pas une façon de traiter une dame ?

— Je ne veux pas la reconquérir, la garce, je veux juste lui dire au revoir…

— Dis-lui qu'elle fait plus le film…

— Non, c'est nul, je veux juste lui dire au revoir…

— Et à la revoyure sur le tournage, salope…

— C'est ça. On se voit sur le tournage, *connasse !*

— Écoute, Dave, j'ai trop de bouteille pour me lancer là-dedans. Si je me range à ton avis, “Ouais, qu'elle aille se faire foutre, la connasse !”, que je raconte un tas de saloperies sur elle et que vous vous rabibochez, merde, vieux, Karl et elle sont peut-être juste *amis*, est-ce que ça t'a traversé l'esprit, qu'ils soient *amis*, des amis avec leurs petits secrets, qui dînent ensemble et qui se téléphonent tout le temps, qui se collent l'un à l'autre en regardant un film, bon sang, après tout t'en sais rien, t'es complètement parano, mais bref, s'il se trouve que c'est ça et que demain, tu es encore fou d'elle, tu m'en voudras à mort parce que j'aurai raconté des trucs dégueulasses sur ta *déesse*. Fous-moi la paix, mec, je joue pas cette fois.

— Tu parles d'un ami.

— Oui, un putain d'ami, même. Demain tu me remercieras comme jamais d'avoir fermé ma gueule.

— Je ne veux pas que tu parles, je veux que tu *m'accompagnes*. Moi. Chez Karl, dans sa putain de maison, pour aller *choper* la salope. Tu peux rester dans la putain de voiture si ça te chante. Tout ce que je veux c'est de la compagnie, c'est trop demander ? Vieux, t'endors pas maintenant.

— Je m'endors pas, Davie, mon David préféré, mon pote.

Je suis juste super précautionneux. »

Et là, la vache, je me suis mis à pleurer.

« Mais c'est elle que je veux, ai-je sangloté.

— Tu m'épuises, là », a-t-il dit avant de bondir sur ses pieds pour retomber aussitôt. Je sanglotais et riais en même temps, mais ne parvenais pas à me soulever du sol.

« Je promets de ne pas pleurer, ai-je dit. Nom de Dieu, je veux pas pleurer.

— Allez, sucre d'orge, t'as bien le droit de verser une 'tite larme », a-t-il dit en se relevant. Je savais ce qui allait suivre :

« T'AS BENENENEN LE DROIT DE VERSER UNE 'TITE LAAAAARME !!! » a-t-il chanté et une fois de plus, il s'est effondré sur la pelouse.

Puis on s'est retrouvés à l'arrière de la limousine de Hefner, en route pour Santa Monica. La lune était loin vers l'ouest, il devait être tard. Jim et moi avions les pieds sur les strapontins. Pour je ne sais quelle raison, les gens du Manoir n'avaient pas voulu nous laisser conduire nos bolides.

« J'ai trop hâte d'arriver, a déclaré Jim. J'ai le gosier à sec.

— Je lui exposerai les choses simplement : voudrait-elle ou non rentrer à l'hôtel ? C'est ce qu'il y a de plus diplomatique, non ? »

Jim a souri : « Sûr, deux types complètement timbrés qui se penchent au-dessus d'un plumard en pleine nuit : "Tu veux qu'on te dépose ?" "Aaaaarggggghhh ! Les Manson !"»

J'ai bien été obligé de sourire en imaginant ma tête.

« Tu crois qu'ils ont des chiens ? Peut-être qu'on va se faire bouffer…

— « Se faire bouffer les coudes, le cul et les nichons… », a-t-il chanté.

*

« Ne nous attendez pas », ai-je conseillé au chauffeur. Je lui ai donné quelques dollars et il a dit que deux autres chauffeurs allaient arriver avec nos véhicules et que lui les ramènerait à Holmby Hills. Je lui ai donné encore un peu d'argent pour les autres chauffeurs et il est remonté attendre dans la limousine. Jim et moi avons fait le tour de la maison.

Nous avons tenté en vain d'ouvrir une ou deux portes.

« Peut-être qu'on devrait sonner.

— Nan, on va effrayer tout le monde. On grimpe sur cet arbre, on passe sur le toit, on rejoint la chambre de Karl et on entre par la fenêtre. »

L'arbre était un chêne gigantesque doté d'énormes branches à l'écorce rugueuse et aux feuilles cassantes et poisseuses, facile à escalader, le genre d'arbre dans lequel tous les gamins de Californie apprennent à grimper. Je suis arrivé au niveau du premier étage en un éclair, Jim derrière moi, puis en me hissant sur des branches plus fines, j'ai atteint le toit en tuiles rouges, pas les plates, les arrondies sur lesquelles il est plus facile de se déplacer. Je me suis décalé pour laisser de la place à Jim. Il s'est lancé, a perdu l'équilibre et a dégringolé quasiment jusqu'au bord du toit.

« Jolie chute », ai-je chuchoté. J'ai regardé autour de moi. Les collines et les vallées que dessinait le toit de cette énorme maison offraient un paysage surréaliste sous la lune, tandis qu'à l'ouest se déroulait une vue panoramique sur l'océan Pacifique traversé en son milieu par une bande brillante de clair de lune. J'entendais le ressac au pied de la falaise, et pour une raison ou une autre, j'ai eu l'impression d'être Douglas Fairbanks ou Errol Flynn.

« La grande aventure, hein mon vieux ! ai-je lancé à Jim.

— Je crois que je me suis éraflé le genou », a-t-il répliqué.

Il se frottait la rotule tendrement.

« À ton avis, elle est de quel côté, la chambre de Karl ? » Je m'étais rendu de nombreuses fois dans l'aile où vivait Karl, mais depuis le toit et sous ce ciel nocturne, les perspectives étaient faussées et j'étais perdu. Il y avait des cheminées, des balcons et des terrasses partout.

« Comment est-ce que je pourrais savoir, bordel ? » a fait Jim. Il se frictionnait toujours le genou.

« Tu veux un verre, oui ou non ? On rentre par n'importe quel moyen, on se descend un brandy et ensuite on règle notre affaire. Voyez-vous, Holmes, c'est, si je puis dire, la seule ligne de conduite qui nous soit encore offerte.

— Bah, a lâché Jim.

— Quelle éloquence », ai-je rétorqué. J'ai crapahuté jusqu'au sommet du toit et suis passé de l'autre côté. Je cherchais une fenêtre entrouverte par laquelle je pourrais me faufiler ou un balcon à rejoindre sans risquer ma vie. Jim m'a suivi à distance, montant souvent à quatre pattes ou descendant sur les fesses. Au bout d'un moment, je suis parvenu à des cheminées où j'ai fait une pause et me suis tourné vers Jim, un doigt sur les lèvres. Mais vu qu'il ne me regardait pas, il a continué son raffut et je suis revenu vers lui.

« Chut, ai-je murmuré, tu vas voir un truc rare. »

Il m'a mal compris et a répondu : « Écoute, peut-être qu'on ferait mieux de rentrer.

— Non, tu te trompes. Viens. »

On s'est avancés sur la pointe des pieds jusqu'aux cheminées et je lui ai montré quelque chose.

Karl était assis sur le toit, genoux serrés contre lui. Il portait un pantalon, une kippa blanche et avait le regard rivé sur l'océan. Ses pieds nus brillaient dans le clair de lune.

J'ai regardé Jim qui m'a regardé à son tour. Puis on a regardé Karl.

« Salut Karl, ai-je dit. Tu t'offres un bain de lune ? »

*

Karl s'est tourné vers nous et a souri, comme s'il s'était posté là pour nous attendre. « Salut les garçons. »

Ça m'a scié. Je n'ai trouvé aucune repartie drôle, alors je lui ai demandé : « Qu'est-ce que tu fous sur le toit ?

— Je passais mon temps ici, autrefois. » Jim et moi nous sommes assis. « Quand j'étais gamin, une fois, je me suis caché là pendant trois jours. Ils m'ont cherché dans tout le pays.

— De quoi est-ce que tu te nourrissais ? lui ai-je demandé.

— Je rentrais quand tout le monde dormait ou je quittais la maison. Il y avait beaucoup à manger et il faisait chaud. » Il m'a dévisagé avec une grande tristesse dans les yeux.

« N'envoie jamais un joli petit garçon dans une école militaire.

— Nom de Dieu, a lâché Jim. Tu as dû fréquenter une école militaire ?

— N'en veux pas à mon père. Qu'est-ce qu'il était censé faire ? Ma mère est morte à ma naissance et il s'est retrouvé avec un môme sur les bras.

— De là à t'envoyer dans une école *militaire*, a dit Jim.

— En fait, j'ai été pensionnaire dans plusieurs établissements normaux, il se rendait compte de rien, et je m'attirais toujours des ennuis, alors il s'est renseigné et on lui a dit qu'à l'école militaire on ferait de moi un homme. Ha ha. Ils ont accueilli un garçon et en ont fait une fille. Bon sang, je détestais ça. Je me persuadais que ça me plaisait, mais je détestais. Mais, tu vois, je ne pouvais me regarder en face qu'en me répétant que ça me plaisait. C'était affreux, tu n'imagines pas le nombre de fous parmi les élèves, de vrais cinglés, tu as une expression pour ça Jim, comment dis-tu, déjà ?

— Barrés.

— C'est ça.

— Tu as bu ? ai-je demandé à Karl.

— Non, pas bu, rien, non. C'est juste ce poids ; je ne supporte pas ce poids, c'est trop pour moi.

— Moi, je suis rond comme une queue de pelle, ai-je déclaré.

— Moi aussi, a dit Jim.

— On se souviendra sans doute de strictement rien de ce qu'on a fait ce soir, le *black-out total.*

— Ça me fait toujours ça à moi, a confirmé Jim.

— Ah, *putain* ! s'est exclamé Karl, puis il s'est levé en gémissant profondément et s'est précipité vers le bord du toit. Je l'ai rattrapé au bout de quelques pas, mais Jim, lui, a perdu l'équilibre et a foncé tout droit par-dessus bord.

« Mon Dieu, j'ai tué Jim Larson ! s'est écrié Karl avec horreur.

— Assieds-toi et ferme ta gueule. » Je me suis approché du bord. Je n'avais pas entendu de bruit de chute lourde et sourde ni de cri, juste une espèce de craquement végétal. J'ai regardé en contrebas.

« Jim ?

— Ouais ? a dit sa voix.

— Il se passe quoi en bas ?

— Je suis dans l'arbre.

— T'es blessé ?

— Je sais pas trop. »

J'ai entendu d'autres craquements, puis un léger bruit mat comme si Jim finissait sa chute, ou sautait sur la pelouse. J'ai attendu quelques secondes.

« Tout va bien ? ai-je lancé.

— Ouais. Je remonte.

— Comment ?

— Par le vieux chêne. »

Je suis revenu vers Karl qui s'était rassis. Je n'aurais pas dû le laisser seul comme ça. Je me suis posé à côté de lui.

« Tout va bien. Jim va bien. La vache, ce type est un acrobate professionnel.

— Je suis désolé », a dit Karl. Il a commencé à pleurer entre ses mains. « Oh bon Dieu de putain de merde », sanglotait-il. Il donnait l'impression de vouloir s'arracher les yeux de la tête alors je lui ai saisi les poignets, mais il n'arrêtait pas de sangloter et de se cogner le crâne contre moi. Ne sachant pas quoi faire, je me suis contenté de m'accrocher à lui.

« Je veux *mourir* ! a-t-il crié. Je veux mourir, MOURIR !!

— Sauf que je ne te laisserai pas faire. Alors tu peux oublier ça tout de suite. »

Au bout d'un moment, j'ai senti la tension retomber dans ses poignets et je l'ai lâché. Il a sorti un mouchoir blanc de sa poche, s'est essuyé les yeux et s'est mouché. J'ai entendu un fracas de tuiles quelque part sur le toit et j'ai supposé que Jim l'acrobate professionnel était en route.

« Je deviens dingue, en fait, c'est ça ? Toute cette nuit n'est que folie.

— C'est sûr. Ça m'arrive régulièrement, te bile pas, mon pote, c'est pas grave. »

Jim est apparu. Il n'avait pas l'air trop mal en point. Il a souri. « Je suis tombé de trois étages en deux fois, bon Dieu, je devrais me faire enrôler chez les paras.

— Reste ici et parle à ce trou-du-cul pendant que je vais nous chercher quelque chose à boire. Où est la fenêtre ouverte la plus proche ? » ai-je demandé à Karl, et il l'a pointée du doigt.

Tout juste éclairé par la nuit, l'intérieur de la maison ressemblait à cette bonne vieille Espagne, paisible, fortunée, puissante, imprenable et lointaine. Le numéro de clown sur le toit était tout bonnement invraisemblable. J'ai emprunté un couloir puis un autre, j'ai jeté un coup d'œil à des chambres d'amis, des salons, une salle de billard, et une autre où je n'avais jamais été, mais comme la porte était grande ouverte, je suis entré, davantage en quête de Sonny que d'une bouteille de brandy, je crois, et j'ai traversé une petite pièce confortable qui débouchait sur une grande chambre avec un lit vide mais défait, et dont les portes-fenêtres donnaient sur un petit balcon. Max était dans son fauteuil roulant, une main posée sur un télescope en forme de canon avec un œilleton fixé à mi-hauteur. Mais Max n'était pas rivé à l'œilleton ; il était simplement affalé sur le putain d'engin, mort.

Dans les dernières lueurs de la lune, j'apercevais le blanc de son œil.

« Oh, Max », ai-je dit.

*

Pourquoi moi ?

Je suis dans ma loge au Golconda Hotel & Casino, à Las Vegas, Nevada.

C'est le soir de la première. Jim et moi étions censés apparaître sur scène il y a un quart d'heure. Le public est là, très nombreux, et passe un agréable moment à regarder les filles. Les premiers rangs sont remplis de célébrités, joue contre joue, des comiques, des chanteurs, des amis de la direction.

Jim, toutefois, n'est pas là.

Je ne l'ai pas vu depuis deux semaines. Personne ne l'a vu depuis deux semaines.

Je me souviens d'une fois à Tokyo, nous étions soûls dans un club en sous-sol appelé le Blue Shadows, on écoutait J.C. Head et son orchestre jazz. C'était une nuit fantastique et l'orchestre swinguait drôlement, mais on n'avait plus d'argent. On a commandé une autre tournée de bières et on a essayé de trouver une solution à notre problème.

« Attends-moi là, a dit Jim au bout d'un moment. Je reviens dans un quart d'heure max.

— Où tu vas ?

— En ville, nous trouver deux mille cinq cents yens.

— Mais comment ? »

Il a fait un clin d'œil. « Une source secrète. Mon dernier atout. On paiera la note et on se prendra un taxi pour Roppongi où je connais une Mamasan qui nous laissera passer la nuit avec les filles de notre choix, nous offrira des bières, le taxi de retour et même, je te jure, une double ration de *yaki-gyoza*.

— Ça paraît miraculeux », ai-je commenté et ça devait l'être, parce que Jim n'est jamais revenu et que je ne l'ai revu que deux mois plus tard. J'ai fini par m'humilier devant les gérants avec un tas de promesses et j'ai dû demander à J.C. de se porter garant alors qu'on venait à peine de se rencontrer, de fan à musicien, et de toute évidence, ça l'a mis mal à l'aise. Après quoi, alimenté par la rage, j'ai marché dans la nuit de Tokyo, ses rues balayées de neige, et je suis arrivé au quartier général de la FEAF juste à temps pour rater le dernier bus vers ma base, si bien que j'ai dû passer la nuit recroquevillé et frissonnant avec les autres nazes dans le hall du bâtiment.

Merci, Jim.

*

Je ne devrais pas paniquer. Jim n'aime pas qu'on le bride, il n'aime pas qu'on le pousse dans ses retranchements, il recule quand on essaye de l'amadouer, mais il ne trahit pas ses amis et il respecte ses engagements. Bref, il devrait passer cette porte d'une minute à l'autre, tel un chat disparu qui revient couvert de cicatrices, épuisé et affamé, ou peut-être plus gras et soigné, de sorte que vous ne savez pas trop s'il faut le serrer dans vos bras ou le balancer par la fenêtre.

La porte s'ouvre effectivement, mais ce n'est pas Jim, juste une serveuse dans un joli petit uniforme noir, qui m'apporte une bouteille de Perrier. J'envoie un regard mauvais à son sourire et remarque la peur soudaine dans ses yeux. Il ne faut rien renverser, il ne faut pas déranger la concentration de la star, il ne faut pas regarder tous les trucs bizarres qu'il y a dans la pièce, il faut se contenter de verser le Perrier et se tirer vite fait. Surtout si la star est là à vous observer sans dire un mot. La glace craque nerveusement dans le grand verre alors qu'elle refroidit l'eau. L'air conditionné soupire d'angoisse. Mon estomac grogne de souffrance. J'aurais dû dire :

« Merci, Doris, comment va ta petite fille ? » et lui donner un gros pourboire, disons cinquante dollars. Sauf qu'elle est partie et que de toute façon, ce n'était pas Doris. Je bois et la glace continue de craquer comme des articulations.

« Détends-toi, dis-je au verre. Je t'aurai réglé ton compte avant que tu comprennes ce qui t'arrive. »

Les bulles sifflent doucement à mon oreille. « Adieu, connard », semblent-elles me dire.

J'étais maquillé et déguisé en pingouin, comme aurait dit mon grand-père, sans la veste. Je me suis reniflé les aisselles. J'étais sorti de la douche propre comme un sou neuf deux heures plus tôt, et je sentais déjà mauvais, pas très fort, mais c'était une odeur *fétide*, huileuse et âcre, la puanteur de la peur. Je n'avais pas mangé depuis la veille et ne mangerais pas avant le lendemain, si bien que mes entrailles n'avaient rien de plus consistant que de l'eau minérale à quoi s'accrocher. Mes intestins me menaçaient constamment, une diarrhée accompagnée d'une série de vents que je n'osais pas lâcher par peur de me couvrir de honte aux yeux de mon habilleur, parti depuis longtemps et sans doute chez lui avec sa famille, puisque je lui avais dit de foutre le camp une heure avant. Je me suis assis quelques minutes, jouissant de cette angoisse atroce, rêvant de la scène où l'habilleur est rappelé, sa famille qui lève les yeux, ah, c'est un gars important, non ? Oui, il faut qu'il retourne en coulisse changer la couche de son maître – quelle anecdote merveilleuse à raconter pendant un dîner entre amis. Bref, pas un murmure ne doit s'échapper de mon corps. Je pourrai péter après le spectacle. Je pourrai faire n'importe quel putain de truc après le spectacle. Pas *ce* spectacle-ci, le dernier spectacle. Pas le dernier spectacle de la soirée, le dernier spectacle de la saison. Ensuite je péterai, me mettrai à poil et irai courir tout nu dans le désert.

Je confesse qu'un léger trac me saisit de temps en temps. Je ne quitte pas le téléphone des yeux. S'il sonne, j'en aurai une attaque. S'il ne sonne pas, j'en deviendrai dingue. Mais plutôt être plongé dans un bain de merde que de confier ma détresse au téléphone. Que les autres s'inquiètent, Ogle est en pleine Méditation jusqu'à l'Arrivée.

Jim, espèce de fils de pute, je vais te faire ravaler tes putain de dents jusqu'au fond de ton putain de gosier si tu me refais le coup une fois de plus. Point d'exclamation.

Le mantra du jour : « fils de pute ».

Toutes les personnes en coulisse ayant le moindre petit rôle à jouer dans notre numéro sont sans doute en train de devenir dingues, elles aussi, parce qu'entre autres simagrées, personne ne se tracasse ni ne se tord désespérément les mains de peur d'attirer le courroux divin. Tout le monde, du maître du méthane qu'est Gregory Galba à Doris la serveuse, doit sourire pendant que ses entrailles font des nœuds.

J'insiste là-dessus.

Oh et puis merde, Dave, prends un Valium, Galba s'est donné tellement de mal pour remplir ton armoire à pharmacie, un gage d'humour sans doute, même si ça ne dérangerait pas Gregory si je perdais la boule. Il avait *bourré* l'armoire à pharmacie de médicaments. On y trouvait le hit-parade des stupéfiants, le top ten des drogues légales, le *hall of fame* pour torturés du bulbe : Valium, Percodan, Quaalude, Benzedrine, Ritaline, amphétamine, biphétamine, la liste est interminable et je ne toucherai à rien. Pas parce que je n'aime pas la merveilleuse sensation de dislocation qu'ils procurent, mais par précaution ordinaire, comme par exemple : si je prends un Valium rien que pour ça, combien j'en prendrai demain ? Six ? Et mardi je convulse. Que ce boucan aille se faire foutre, que Gregory, le pourvoyeur mielleux, aille se faire foutre, et que Jim aille doublement se faire foutre, Jim qui pourrait être en train de se suicider à l'instant même où je le maudis.

Pas de drogue. Pas même un peu de marijuana, ma vieille amie et professeur, la seule à savoir me calmer ; pas de cocaïne et sa goutte au nez ; pas de champignons parce que qui veut sortir de là et se retrouver dans une salle pleine de bipèdes à chair molle ? Pas de drogue. Mais bon Dieu, qu'est-ce que j'aimerais me jeter sur cette armoire à pharmacie ou sur le compartiment secret de ma valise pour tout m'empiffrer et disparaître dans un nuage de fumée violette.

Je pourrais même monter sur scène au moment où les drogues commenceraient à faire effet et expliquer aux spectateurs qu'après avoir consacré ma vie entière au show-business, j'avais décidé de tirer ma révérence, et alors que les « OH NONONON ! » me déferleraient dessus, j'écarterais les bras et prendrais doucement mon envol au-dessus de leurs têtes et…

Je lève rapidement les yeux. La porte a parlé.

Clic, dit-elle. J'attends.

Mais qui que ce soit, la personne se trouvant de l'autre côté a finalement préféré garder sa tête un jour de plus.

Ça n'aurait pas pu être Jim. Jim n'hésite jamais devant une porte.

Dix-sept minutes de retard.

Rires, rires, rires. Dix-sept minutes, tout le monde s'en fout ; si le spectacle commençait à l'heure, la moitié du public s'évanouirait de surprise. En revanche, tu es au moins censé *être* là.

Il me faut attendre une demi-heure avant de considérer qu'il est vraiment en retard.

Sauf si l'on considère qu'il a deux *semaines* de retard.

Allongé sur le bas-côté d'une route, ligoté dans un sac en plastique vert foncé, les bras, les jambes, le pénis, la tête, coupés ; le tronc, coupé. Mort, oh, depuis quasiment *deux semaines*...

Pour cette raison, *il me faudrait bien un verre*, justement pour cette raison. Trois ou quatre shots de whisky à cinquante degrés auraient sans doute un effet intéressant sur mon estomac, et pour que l'enthousiasme ne faiblisse pas, je pourrais boire sur scène, lever mon verre au public en renversant de l'alcool partout, l'utiliser pour arracher des rires. Et pour le second spectacle. Euh, comment vous vous sentez ? *Rameuchfleuch*...

La loge a quatre portes. Celle de la salle de bains, avec sa baignoire, sa douche, une panière en osier pleine d'épis de maïs offerte par Galba posée à côté de la cuvette des toilettes et une énorme étagère rassemblant la littérature la plus dégueulassement pornographique qui puisse exister, jeux érotiques impliquant les fluides corporels, récits pour fans de lavements ou de pédophilie sous des titres scandaleux tels que *Fête de famille*, des magazines n'offrant que des femmes ligotées comme des porcs, attachées à des croix, exhibées et ficelées dans des positions invraisemblables, d'autres où les femmes sont en combinaison de cuir et punissent des hommes gras à l'air bête à petits coups d'accessoires d'équitation achetés chez Sears, Roebuck Company, et ainsi de suite. Manifestement, Gregory ne voulait pas que, pris d'insomnie à quatre heures du matin, je ressente le moindre besoin d'aller au drugstore, de sorte que la salle de bains est aussi équipée de deux énormes poires à lavement assorties d'une série de canules accrochées au mur comme des pistolets de duel ; entre les deux éviers se trouvent une autre petite panière en osier avec des capotes qui « enverront Madame au septième ciel grâce à leurs barbes plongeantes qui vont faire des vagues… », une rangée de godemichés de tailles, textures et longueurs diverses posés à la verticale, ainsi qu'un flacon de poppers avec une petite carte manuscrite, EN CAS D'URGENCE, ASPIRER DEUX FOIS ET INSÉRER L'OBJET. L'écriture maladroite est celle de Gregory, bien sûr, celle apprise dans sa ville minière d'origine.

Une autre porte mène à l'ascenseur des coulisses et à la loge-appartement de Jim, au bout du couloir. La porte du placard est ouverte, et il me suffit de bouger la tête pour apercevoir les parures d'oiseaux de nuit que Galba a achetées récemment, et une fois de plus, difficile de faire la part entre ces fameuses bonnes intentions qui pavent l'enfer et son attaché de presse lui suggérant que ce choix était raccord avec son « humour gargantuesque » et sa réputation. Avec Gregory, impossible de savoir. Il pensait peut-être que tous les artistes de music-hall étaient des tourbillons d'émotions et qu'ils aimaient se lever le matin en sous-vêtements féminins ou en combinaison de latex. Il y a aussi à ma disposition une très belle sélection d'ensembles à porter au bord de la piscine ou aux tables de jeu, même si je ne mets jamais les pieds dans ces endroits, ainsi qu'une panoplie de costumes de pingouin tous identiques dans lesquels travailler.

La dernière porte mène à mon salon qui possède sa propre entrée privée et à laquelle on n'accède qu'après avoir passé une porte spéciale gardée par un flic chargé de vérifier que vous avez le droit de pénétrer dans le monde éblouissant des coulisses. J'imagine qu'à cet instant précis, une foule d'amis s'y pressent pour nous féliciter, non pas les gens déjà installés en bordure de scène par politesse, mais nos proches qui n'usent d'aucun privilège, ceux qui m'apportent un soutien moral, qui répondent présent quand j'ai besoin d'eux. Ron et Jim, scénaristes et réalisateurs de nos films depuis quatre ans, deux gars de Hollywood vraiment bien, des gentils capables de faire le boulot, de dire « Tu trouves pas ça nul ? » de ce qu'ils viennent d'écrire et de ne pas se mettre la rate au court-bouillon pour ça en rentrant le soir chez eux dans la Vallée. Pendant son temps libre, Jim écrit des romans à énigmes et profite de sa famille ; quant à Ron, c'est un poids lourd de la Guilde. Ils assistent toujours à nos premières de Las Vegas, ne réclament pas six tables près de la scène et je les entends toujours rire, Jim avec des « Rharharharha » et Ron des « Gnarcgnarcgnarc », des soutiens indéfectibles, révélant toujours le bon côté des choses. Ils s'empâtent un peu tous les deux, ne font pas ce qu'ils avaient rêvé de faire, mais gagnent tellement d'argent qu'ils trouvent finalement peu de raisons de se plaindre ; ils sont dans la pièce, sans doute en train de raconter des blagues pour alléger un peu l'atmosphère. Ils connaissent Jim mieux que tous les autres et croient en lui.

Mais il ne nous a jamais fait un coup pareil. Pas deux semaines. Ma foi en Jim n'est pas encore ébranlée, *fais confiance à l'animal*, disait mon papy quand le chat s'enfuyait, mais *deux semaines* ! Il est parti avant même qu'on termine le film, encore trois jours de reprises et de postsynchro, et il est parti, *clac*, son bungalow du studio désert et même pas fermé à clé, sa maison de Palm Springs encore occupée par sa femme et l'ami de cette dernière, un gars qui bosse dans l'immobilier.

Et bien sûr que je l'ai sautée, elle. Dans le jardin pendant qu'il allait chercher du champagne pour trinquer.

On a contacté tous les hôtels du show-biz par ordre d'importance et de standing, d'abord le Bel-Air, ensuite le Beverly Hills, le Beverly Wilshire, l'Hermitage, le Chateau Marmont, le Sunset Marquis et finalement le Montecito, mais toujours pas de Jim. Quand à deux reprises j'ai fini par exploser, sans personne dans les parages, Dieu merci, je me suis demandé pourquoi ils n'arrivaient pas à mettre la main dessus, alors qu'ils n'avaient eu aucun mal à nous débusquer à San Francisco chez Enrico's. Les seules raisons possibles :

1. Jim ne veut pas qu'on le trouve.
2. Jim a été kidnappé/il est mort.
3. On ne me dit pas où il est.

Vingt-cinq minutes de retard sur le début du spectacle.

J'appuie sur le bouton de commande de Perrier et récupère un exemplaire du *Times* pour avoir l'air de faire quelque chose d'important. Au bout de deux cents secondes, la serveuse, qui est bien Doris, cette fois, entre précipitamment avec une nouvelle bouteille sur un plateau et un seau à glace, même si j'ai ma propre machine à glaçons dans un coin de la pièce.

« Salut Doris, comment va votre petite fille ?

— Elle se porte comme un charme, Monsieur Ogle. C'est gentil à vous de poser la question.

— Voilà un petit quelque chose, vous lui paierez un soda. » Je lui glisse le billet de cinquante dollars que j'avais sorti.

« Oh, Monsieur Ogle, vous n'êtes pas obligé », dit-elle, mais j'insiste pour qu'elle prenne l'argent avec un gloussement bon enfant et je lui tapote la main comme un vieil ami en ajoutant : « Bon sang ce que je suis nerveux, Doris ! Si vous pouviez envoyer quelqu'un d'autre sur scène. »

Elle rit timidement et rougit, une jolie jeune femme avec un bon job, et sort de la pièce sans tenter de come-back. Elle a pris l'argent avec tant d'élégance, elle a été si parfaite, entre sa fille et le reste, que j'en ai presque pleuré. Les gens sont tellement merveilleux, ai-je pensé, je devrais me laisser tomber face la première dans le pot de crème de beauté et mourir.

Jim, Jim, Jim, es-tu allongé aux côtés d'une pute mexicaine à Tijuana ? Es-tu pris dans une triplette acrobatique avec des géants noirs travestis à Long Beach ? Es-tu dans la tour du Parker Center, en équilibre sur une corniche, espérant trouver le courage de sauter ?

Es-tu dans ta loge ? À te préparer ? Soûl ? En communion secrète avec un prêtre ?

Qui d'autre est là ? Ron et Jim, Marty, notre producteur délégué à qui il doit rester huit *cents* de budget, Marty qui n'avait pas bu d'alcool depuis six mois, mais qui, le jour où Jim a disparu, a traversé la rue et commandé un grand gin bucket, un seul, et est revenu pour tenter de trouver le moyen de monter le film sans les reprises. Marty sera là avec sa femme, Zelda.

Ma famille est arrivée tôt au grand complet et est à présent installée à des places pas très bien situées. Connaissant les uns et les autres, ils sont en train de faire ami-ami avec les personnes assises dans les box alentour, le même genre de gens qu'eux, avec de gros visages rougeauds d'Américains, mais pleure pas Ogle, on sait que ce sont des gens sensass, tes fans.

Le SEL de la PUTAIN DE TERRE !

*

Sonny est là. En simple amie, bien sûr. Tout a pris fin entre elle et moi le jour où Max Meador est mort et où nous avons dû aider Karl à se remettre d'aplomb avant que les mondes de l'art et des affaires n'apprennent la nouvelle et ne se jettent sur lui. Au début, j'ai cru que Karl accusait juste le coup suite à la mort de son père. Il y avait de ça aussi, le choc, le chagrin et la perte, même s'ils ne sont pas du même ordre pour un homme de cet âge que pour une personne plus jeune. Mais je sentais que pour Karl, tout s'effondrait, un trou noir s'ouvrait dans l'espace, là où son père s'était trouvé, certes pas aussi grand que pour mon grand-père mais assez grand tout de même, et je suis sûr que Jim le sentait aussi en partie. Karl perdait les pédales. Une minute il était assis calmement à raconter des histoires sur Max et la suivante, il se mettait à vagir par terre, explosait : « C'est insupportable ! » et se lançait dans un sprint à travers la pièce. À un moment, on a cru qu'il faisait une attaque cardiaque sous nos yeux, il cherchait de l'air, une main sur la gorge, son visage avait viré au pourpre, etc. On a fini par comprendre ce qui lui prenait. Bien sûr, ça n'avait rien de sorcier, sauf que nous étions encore soûls, sous le choc et perdus.

Le pauvre Karl se retrouvait avec un empire sur les bras, les énergies d'un milliard de dollars atterrissaient d'un coup en grésillant et jetant des étincelles au milieu de son âme. Il nous a indiqué la somme alors qu'on le ramenait à mon hôtel ce matin-là. Nous ne voulions pas que ce soit lui qui trouve officiellement le corps de son père, et nous voulions encore moins jouer ce rôle. Que le personnel le découvre au moment opportun, telle était notre philosophie, puisque nous pouvions faire en sorte que ça se déroule ainsi. Bref, nous avons embarqué Karl à l'arrière de ma voiture et avons filé vers Sunset. Il a passé quasiment tout le trajet à pleurer ou à se vanter de sa nouvelle valeur ajoutée.

« À ce niveau-là, ce n'est plus de l'argent, vous savez, disait-il. On n'hérite pas simplement d'un énorme capital. Tout est affaire de biens, de possessions, les compagnies, les services, les gens, les contrats, les lettres, les bouts de ficelle, nom de Dieu, il y en a aux quatre coins de la planète et sous toutes les formes imaginables ! » Ou il riait méchamment et disait : « Les gens ont toujours douté de moi. Eh bien, maintenant ils vont voir ce qu'ils vont voir, certains vont voir ce qui arrive quand un milliard de putain de dollars vient se mettre en travers du chemin !

— Doucement, doucement », ai-je répondu, pour calmer le jeu. Tout en pensant, maintenant que Max est mort, que va-t-il advenir de *nous ?* De Larceny & Ogle ? Qui a toujours tenu les rênes ? J'imaginais déjà les difficultés, affronter la tempête de merde que promettait Gregory, en partie propriétaire du studio, du Golconda et de la moitié du reste du monde, un homme parfaitement capable de dépouiller Karl avant même l'enterrement. Et comme s'il lisait dans mes pensées, Karl s'est mis à frémir, trembler et marmonner : « Mon Dieu, aidez-moi ! »

Dans ma suite, on l'a assis sur le canapé et on lui a fait absorber du café.

« Maintenant Karl, a dit Jim, tu dois te calmer.

— Ne vous inquiétez pas les garçons, pas d'inquiétude, je serai d'attaque quand les emmerdes arriveront. Et ne pensez pas que je ne vous serai pas reconnaissant le moment venu, parce que les garçons, vous êtes mes meilleurs amis, vous le savez, non ? Personne ne m'aime, putain. Mon Dieu ! » Et c'était reparti, il se balançait d'avant en arrière, souffrant mille morts. « Nom de Dieu, quel con je suis à parler comme ça ! Mon père ! Mon père ! »

Il a pleuré dans ses mains pendant un moment, puis s'est à nouveau calmé.

« Ce n'était pas une mort ordinaire, a-t-il dit.

— Qu'est-ce que tu veux dire ?

— L'homme qui est mort n'était pas un homme ordinaire, mon père, Max Meador, c'était un des *rois du monde*, et je peux vous dire quelque chose ? Vous voulez savoir quelque chose ? Max Meador a produit plus de *trois mille films* ! Trois mille putain de films. Personne ne refera ça. Personne. Jamais. »

Il a souri, totalement sain d'esprit. « Certainement pas moi. On jouait ce petit numéro entre nous depuis longtemps. Il faisait croire que je l'exaspérais, se comportait comme si j'étais un idiot. »

Jim et moi avons dû avoir l'air gênés, surtout moi qui ai du mal à contrôler l'expression de mon visage, parce que Karl nous a regardés affectueusement. « Les garçons, mes amis. Vous non plus vous n'avez jamais vu que c'était un jeu. »

Les larmes ont roulé sur ses joues, mais il était encore en état de réfléchir, de sourire. « On a fait le coup à tout le monde. »

Y compris à Karl, ai-je pensé sans le dire, naturellement. Il a encore parlé de son père, s'est vidé le cœur pour passer à autre chose, puis il a été pris d'un autre accès de folie, totalement terrifié par l'avenir. Qu'allait-il faire ? Il ne pouvait pas gérer sa succession, ne pouvait même pas la protéger de ceux censés la protéger, tout était déformé, surréaliste et politique, des puits de pétrole par-ci, des propriétés terriennes par-là, de l'or enterré, des comptes en banque numérotés, des secrets, ça le tuerait et le martyriserait encore plus, ce milliard de dollars lui pesant sur le cerveau comme un formidable éléphant électrique venu de l'espace, bourdonnant et cliquetant, l'aspirant dans ses entrailles crépitantes… un milliard de dollars !

Même moi j'en avais un peu le tournis.

J'ai composé le numéro de Sonny qui a décroché au bout de neuf sonneries.

« Tu es seule ? » ai-je plaisanté. Elle a grommelé quelque chose et je lui ai raconté ce qui se passait. Elle est montée environ dix minutes plus tard.

« Comment va-t-il ?
— Il a besoin d'une maman », ai-je répondu.

*

Ce qui a marqué la fin de ma relation avec Sonny Baer. Je ne lui en veux pas, à vrai dire, on s'apprécie bien, mais face à un milliard de dollars, elle était sans défense. Entraînée toute sa vie à respecter l'argent et le pouvoir comme n'importe quel bon petit Américain, elle n'était qu'un beagle parmi d'autres dans l'ivresse de la chasse au lapin qu'est la vie. Je le lui ai dit.

« Écoute », ai-je commencé. Nous étions dans la cuisine en train de faire du café. « Laisse-moi une chance. Si je gagne un million par an exonéré d'impôts, j'arriverai au niveau de Karl dans, quoi ? Un millier d'années. Tu m'attendras ?

— Bien sûr que je t'attendrai », a-t-elle répondu. Je ne sais pas pourquoi, je ne l'ai pas crue.

Mais de grands changements allaient s'opérer sur Karl, avec ce godemiché d'un milliard de dollars fonçant sur lui, alors Sonny l'a aidé à se calmer pour de bon et l'a préparé à l'assaut de la presse, du public et des autres fous furieux, ses pairs ultrariches dont beaucoup allaient être convaincus qu'avec la mort de Max, sa fortune serait à découvert, vulnérable. Au début, je ne croyais pas le délire de Karl au sujet du milliard de dollars parce que ça fait une sacrée somme, trois ou quatre centaines de millions de plus encore que Bob Hope, mais après l'enterrement, que même Al Capone aurait apprécié, les journaux ont rapporté que Karl avait hérité de 60 000 dollars en liquide, plus des propriétés et des titres d'une valeur « proche d'un million de dollars ». Ha.

J'aurais aussi dû me souvenir que Karl était bien le fils de son père. Une fois posé, il nous a remerciés et nous a suppliés de le soutenir dans la guerre qu'il allait devoir mener contre le reste de l'univers et nous a demandé quelque chose qu'il n'avait pas mis sur la table depuis longtemps : nous signer pour trois films plutôt qu'un seul.

« J'ai besoin que vous assuriez mes arrières, a-t-il argumenté. On n'est pas obligés de signer quoi que ce soit, mais si j'arrive en réunion de direction en montrant que vous avez rempilé pour trois ans, plus un ou deux autres contrats en ma faveur, alors j'ai de meilleures chances de m'en sortir. Ces gens vont continuer de me voir comme le gamin de Max et il est temps que je m'affirme. »

Jim a souri et dit : « Ou avec tout cet argent, tu pourrais prendre ta retraite à Moorea en face de Tahiti.

— Hein ? »

Il nous a encore suppliés en ajoutant qu'avec les folles confessions qu'il nous avait faites la nuit précédente, on le tenait par les couilles.

Jim et moi nous sommes regardés. Allez, pourquoi pas, on pourrait toujours esquiver d'une façon ou d'une autre plus tard.

« Bien sûr », ai-je dit à Karl.

Il nous a serré la main, sa paume était chaude et sèche.

« Merci beaucoup ! » s'est-il écrié. Les poils de ma nuque se sont dressés. Pour la première fois, je percevais une inflexion gutturale dans sa voix.

Karl a suivi Sonny dans sa suite en lui tenant la main, afin d'attendre l'appel de la maison. J'avais sans doute l'air abattu parce que Jim s'est approché en souriant et m'a donné une tape dans le dos.

« Allons petit-déjeuner ! »

*

Après tout le remue-ménage autour de la mort de Max et les rumeurs sur la vente du studio, le tournage du film a fait l'effet d'une douche froide. Je ne vous embêterai pas avec le titre ou l'intrigue, soit vous aimez notre travail, soit vous ne l'aimez pas, et la fadeur de l'intrigue ne fait pas le sel de la chose. Renouveler les chansons et les blagues, c'était ça notre truc.

Les rumeurs étaient drôles. Personne ne semblait avoir confiance en Karl, personne ne semblait le croire capable de tout gérer, et beaucoup de gens étaient très excités à l'idée de le voir exploser en vol. Bien sûr, Jim et moi le connaissions mieux que ça, mais personne ne nous a demandé notre avis. C'était le *business*.

Une rumeur racontait que Gregory Galba vendait ses actions à une tribu de bédouins, une autre qu'il servait de couverture à la mafia pour qui il blanchissait de l'argent grâce aux films et à ses spectacles de music-hall, et que si ses actions continuaient de dégringoler, lui aussi, on le ferait dégringoler – dans la baie avec des chaussures en béton. Une autre rumeur rapportait qu'un groupe de superstars s'étaient réunies et parlaient de reprendre le studio afin d'en faire un forum pour leurs concepts artistiques qui permettraient purement et simplement à Hollywood de retrouver son âge d'or – les années trente. On a tous bien rigolé en l'entendant, celle-là.

De l'avis de Karl, les rumeurs bénéficiaient aux affaires. Il passait sur le plateau numéro 5 où nous tournions les intérieurs au moins une fois par jour, n'ayant qu'à débarquer avec ses assistants et ses acolytes collés à ses basques pour terroriser tout le monde. Karl avait à nouveau endossé ses costumes, mais chemise en soie ouverte pour qu'on voie toutes les petites chaînes en or, et il venait discuter avec Marty ou Ron pendant que ses suiveurs trouvaient d'autres personnes à qui parler, nos agents, les jolies filles – il y avait toujours de jolies filles sur nos tournages, selon une autre des règles de Max régissant la fabrication du cinéma de divertissement : « Toutes les femmes devraient avoir une très belle paire de seins, même les mamans et les grands-mamans, parce que ça émeut les gens. » Toutes les comédies qui passent à la télé respectent cette règle ; vous pouvez vérifier.

Bref, Karl venait dans ma caravane, s'asseyait et le charme retombait comme une vieille peau, il avait l'air épuisé et me quémandait une tasse de café que je lui versais et alors il disait quelque chose comme : « Nom de Dieu, ces connards me tuent ! »

Je lui recommandais du Lomotil et il me lançait un sourire douloureux avant d'entamer sa litanie de jérémiades. D'un côté, c'était flatteur, parce que j'imagine qu'avant, c'était vers le vieux Max qu'il se tournait pour ça, et que maintenant, c'était vers moi. Ses plaintes étaient d'une variété inimaginable étant donné la place qu'il occupait dans l'index du bichonnage mondial, alors j'acquiesçais et sirotais mon café avec lui, ravi de pouvoir oublier un instant mes propres questionnements.

« Ça a recommencé la nuit dernière, disait-il en préambule.

— Qu'est-ce qui a recommencé la nuit dernière ? » demandais-je gentiment. Quand Karl était dans ma caravane, personne n'osait me déranger, ce qui représentait un avantage supplémentaire.

« Ce maudit *herpès*, disait-il avec le froncement de front le plus sombre que vous puissiez imaginer. C'est comme un fléau, une épidémie, une putain d'invasion extraterrestre !

— La vache, répondais-je. Pas de bol…

— Tu te rends compte que je ne peux pas baiser ?

— Ouais, je me rends compte, Karl. Mais bon, détends-toi, y paraît que la meilleure solution pour se débarrasser de ce bon vieil herpès c'est de se calmer…

— Comment veux-tu que je reste tranquille ? C'est la deuxième fois en un mois ! Tu sais ce que ça fait d'être tout excité par une belle fille, tu te donnes un mal de chien pour l'amener au lit, tu vas pisser et là tu découvres que tu as la bite pleine de *croûtes dégueulasses et de pus ?*

— Que veux-tu, le bonheur ça s'achète pas, lui rappelais-je.

— *Merde !* »

Il arrivait que Sonny soit à cinq mètres de la caravane en train de lire un livre de poche assise sur sa chaise. Pour je ne sais quelle raison, ça m'énervait que Karl pleurniche sur mon épaule au sujet de sa bite endolorie et de toutes les jolies nanas qu'il ne pouvait pas séduire pendant qu'elle était dehors. Ils ont été « ensemble » pendant tout le tournage, et puis il l'a larguée à la postproduction. Durant le tournage, si elle commençait de bonne heure, elle arrivait dans la plus grosse Mercedes de Karl, après quoi la voiture et le chauffeur descendaient le chercher lui à Santa Monica (ou dans n'importe quel autre endroit où Karl avait passé la nuit).

Karl souriait. « Il y a un type en Europe, m'a-t-il expliqué, un médecin qui a soigné un ami à moi de Palm Beach avec une série de vaccins contre la variole, guéri à jamais. » Il arborait le sourire de celui qui a accès à quelque chose qu'un individu normal ne peut pas s'offrir. « Peut-être que quand les choses seront réglées ici, je le ferai venir.

— Il y a des rumeurs qui circulent, ai-je dit pour qu'il me lâche deux secondes avec son herpès. L'autre jour, j'ai entendu que Columbia et Warner allaient faire une joint-venture et te racheter quand tes actions seraient suffisamment basses. »

Karl a ri de bonne grâce. « Oh, tu peux bien le croire.

— Je n'ai jamais dit que j'y croyais. Et je ne crois pas non plus celle qui raconte qu'on t'aurait vu te glisser chez une médium de Santa Monica pour avoir une petite conversation avec Max.

— Celle-ci est vraie, a-t-il déclaré avec un humour rare chez lui. Tous les médiums de la ville bossent leur imitation de Max Meador. » Il a regardé sa montre. « Comment se passe le film ?

— Demande à Ron. C'est lui le réalisateur. »

Il s'est levé pour aller examiner sa belle et chic personne dans le grand miroir. « Laisse courir les rumeurs. Ça aide les actions à chuter et moi à les acheter moins cher.

— Peut-être que je vais en acheter quelques millions moi aussi. Je fais entièrement confiance à tes capacités managériales. » Alors on éclatait de rire, on se serrait la main et il sortait, ce qui faisait automatiquement descendre la température du studio de dix degrés, et après avoir refermé la porte derrière lui, je m'asseyais et laissais la sueur me sortir par tous les pores. Parce que Karl ou pas Karl, se retrouver coincé dans un espace exigu avec un milliard de dollars peut rendre un type nerveux.

*

Nos tournages sont joyeux parce qu'on essaye de faire travailler les mêmes gens chaque année, que tout le monde gagne bien sa vie et qu'on a des choses à se raconter puisque la plupart des membres de l'équipe sortent d'un autre film et ont donc quelques ragots à partager, allant des dernières histoires croustillantes impliquant de grandes stars aux contes lugubres de l'Amérique ordinaire. Quand je parle de « tournage joyeux », je ne dis pas qu'on bosse en sifflotant, mais que la terreur froide régnant sur certaines productions n'existe pas chez nous à moins qu'un type comme Karl se pointe et inquiète notre petit monde. Même les films comme les nôtres peuvent être annulés à tout moment sans que personne ne nous donne de raison, et il n'y a pas de plus mauvais augure pour les vieux de la vieille qu'un groupe de costards-cravates traînant sur le plateau en regardant leur montre.

La fabrication et la vente des films ne constituent pas un processus très sorcier et il n'est pas nécessaire d'être un génie pour le mettre en œuvre, mais comme pour n'importe quelle entreprise, un air de confiance tranquille est synonyme d'argent à la banque. Bref, entre la mort de Max et l'arrivée au pouvoir de Karl, un certain malaise nous a collé à la peau comme cela n'était pas arrivé depuis notre premier film, alors même que personne ne savait ce que l'avenir nous réserverait, si le succès serait au rendez-vous, si on se planterait ou si l'on finirait dans les limbes.

Désormais, le problème se posait ainsi : allions-nous garder le même modèle managérial et continuer de donner du boulot à l'équipe, ou est-ce qu'un malade du genre de Gregory Galba ou un autre type de son engeance allait débarquer comme un boulet de canon dans notre jeu de quilles avec une armée d'aides de camp pour tout foutre en l'air ?

Cela rendait l'équipe un peu fébrile ; ça rendait la production très fébrile parce que c'était à eux qu'on reprochait les dépassements de budget ; ça rendait les gens de la promotion fébriles parce que d'un jour sur l'autre, ils ne savaient pas quelle ligne adopter face à une presse internationale toujours plus curieuse ; ça rendait Marty, notre producteur, tellement nerveux que la sueur faisait glisser ses lunettes en écaille sur son nez, si bien qu'il les repoussait chaque fois qu'il prenait la parole, diffusant sa nervosité autour de lui alors que s'il y avait bien une personne censée calmer le jeu, c'était lui ; et bien évidemment, ça mettait Ron le réalisateur légèrement à cran, qui s'inquiétait pour les blagues, le marquage, la fraîcheur, la justesse des situations, le temps perdu à tout mettre en place ; du coup, cela obligeait Jim le scénariste à rester sur le plateau pour trouver des bons mots ou affiner les répliques, alors qu'il est difficile d'être drôle sous pression.

Dans ce groupe, il n'y en avait qu'un que je n'aimais vraiment pas et contre qui j'étais impuissant. C'était la doublure de Jim, un type qu'il avait connu à l'armée, un ancien saxophoniste ténor qui se faisait appeler Baby Cakes, plus ou moins de la même taille et de la même carrure que Jim, on s'en doute, mais avec un visage large, grossier, rusé et indigne de confiance, un type qui ne vous regardait qu'en coin et affichait toujours un air blessé qui disait « Je te l'avais bien dit » chaque fois qu'il était coupé au montage.

Un plateau de tournage fonctionne selon les lois de la hiérarchie, comme chez les Marines, et dans l'ensemble, les simples soldats ne traînent pas avec les généraux, à une exception. Baby Cakes avait connu Jim dans une vie antérieure. Quand Baby Cakes est arrivé à Hollywood il y a quelques années pour retrouver son vieux pote fumeur d'herbe passé à la célébrité, Jim a été content de le voir, s'est montré poli, l'a emmené partout et a été aux petits soins pendant un jour ou deux jusqu'à ce qu'il devienne clair que Baby Cakes ne dégagerait pas sans un coup de pied au cul. Mais dès que Jim semblait sous-entendre que la visite était terminée, l'autre tirait une tronche de six pieds de long et se mettait à raconter que lui n'avait pas eu autant de *bol* dans la vie que Jim, etc. etc., jusqu'à ce que Jim trouve la solution et l'embauche comme doublure.

Mais Baby Cakes n'a pas été particulièrement reconnaissant, lui qui considérait qu'il valait bien mieux que le reste de l'équipe où il n'était pourtant qu'un troufion parmi les autres troufions de notre petite armée. Il était grossier avec certains quand il sentait qu'il pouvait se le permettre, et faisait de la lèche aux autres en usant d'une espèce de grognement geignard qui vous faisait comprendre qu'il détestait ça et que seule « la poisse » l'empêchait de devenir une star, un magnat ou quoi que ce soit d'important.

Bien entendu, comme Baby Cakes pensait qu'il pouvait entrer dans la caravane de Jim quand ça lui chantait, s'incruster durant les sessions d'enregistrement à la Paramount ou même s'asseoir avec nous au resto du studio sans avoir été invité, ceux qui voulaient avoir accès à Jim commençaient par passer de la pommade à Baby Cakes.

Et c'est qu'il aimait ça, la pommade ! Si une femme tentait d'approcher Jim, elle devait d'abord repousser Baby Cakes, et comme il se prenait pour un bourreau des cœurs, ça pouvait prendre un certain temps, et si la fille était débile, Baby Cakes arrivait même à conclure. Après quoi on devait se farcir le récit de ses conquêtes.

Mais cette année, Baby Cakes s'était rapproché de tous les arnaqueurs à la petite semaine, pros de l'entourloupe et autres agents bas du front tant dans la musique que dans le cinéma.

Le point positif : il était banni du Golconda, et en réalité, de Las Vegas. On l'avait surpris en plein *swipe-and-run* au milieu des tables de vingt-et-un avec un black-jack naturel planqué dans une manche. En général, quand un abruti tente ce genre d'arnaque, la sécurité se contente de le tabasser et de le jeter par la porte de derrière, mais Baby Cakes a été conduit au boss, il avait insisté, tapé un scandale, fait venir Jim, etc.

« T'es interdit de club, a dit Galba d'une voix pareille à de l'acier trempé. Je revois ta gueule, j'en fais de la charpie. » Baby Cakes a regardé Jim, choqué et vexé, mais toujours avec ce « Je te l'avais bien dit » dans le regard. Jim a simplement haussé les épaules.

Mais il ne pouvait pas le virer. Il ne pouvait pas. Si bien qu'on a retrouvé Baby Cakes sur le tournage, une source d'énergie négative, un furoncle sur la nuque collective.

Et voilà qu'il apparaît à la porte de ma caravane, avançant la tête vers moi comme un putain de serf du Moyen Âge, et dit sans me regarder : « Hé Ogle, je crois que Jim arrive.

— Je ne suis pas là. » Je devais faire gaffe à ce type ; il savait que je ne l'aimais pas, et si je le montrais trop, il râlait toute la sainte journée et s'arrangeait pour que Jim culpabilise.

« Elle est bonne, celle-là. Pas étonnant qu'ils te filent toutes les blagues. »

Jim est arrivé derrière Baby Cakes et est entré dans la caravane en le contournant. Dehors, on déplaçait quelques lumières, mais c'était à peu près tout.

« Qu'est-ce qu'il y a ? » ai-je demandé.

Il s'est affalé sur le canapé, les pieds en l'air, et a sorti un joint de sa poche. « T'as une allumette ? » Il y avait un grand bol rempli de pochettes près de sa tête, alors il a tendu la main pour en prendre une. Baby Cakes rôdait toujours à la porte, attendant qu'on lui dise d'entrer. Ça ne risquait pas de venir de moi, mais je n'allais pas le renvoyer non plus. Jim a tiré une longue bouffée sur l'herbe et, retenant sa respiration, m'a offert le joint. Comme je refusais, il l'a donné à Baby Cakes qui en a profité pour s'installer dans le fauteuil à côté du canapé.

« Super dope, a-t-il dit après avoir expiré.

— Où en est ta réserve ? a demandé Jim.

— Quelle réserve ? » Il savait que j'avais toujours de la coke et de l'herbe à l'hôtel, même quand je travaillais, non pas pour les consommer mais par sécurité, *au cas où*.

« J'aurais bien besoin d'une ou deux petites doses à renifler, là », a lancé Jim et si Baby Cakes n'avait pas été dans les parages, j'aurais demandé à l'un des chauffeurs de nous ramener à l'hôtel et j'aurais laissé Jim se plâtrer les narines. Mais étant donné la situation, Baby Cakes nous aurait collés et l'idée qu'il se foute ma came âprement gagnée dans le nez était trop pour moi.

« Envolée », ai-je dit.

Le regard de Baby Cakes s'écriait : « Espèce de salopard de menteur ! », ce qui ne m'a pas rendu plus heureux. Jim qui, bien sûr, m'a pris au mot, n'a rien ajouté et pour passer le temps, nous avons travaillé notre scène suivante jusqu'à ce que Baby Cakes se fasse chier et se casse.

« Bon sang », a dit Jim.

Si je n'avais pas été aussi énervé, j'aurais emmené Jim à l'hôtel à ce moment-là. J'aurais dû. Une sacrée journée nous attendait.

*

Tout s'est fait au ralenti pendant un moment jusqu'à ce que le mouvement s'accélère. Marty est entré dans la caravane peu après le départ de Baby Cakes et nous a expliqué que nous avions quartier libre jusqu'à deux heures à cause d'un problème d'équipement. Je ne voulais aller nulle part et n'avais rien envie de faire. Pour être honnête, je voulais me soûler, mais pas en ayant l'heure de la reprise au-dessus de la tête. Marty s'est tourné vers moi comme s'il venait juste de penser à quelque chose.

« Vous ne voudriez pas voir quelques journalistes ? Ça me débarrasserait d'eux si vous acceptiez.

— Tu parles d'une conférence de presse, là ? À quoi ça sert ? On n'a encore rien fait », ai-je remarqué.

Mais Marty nous a convaincus que si nous allions déjeuner sur-le-champ et que nous revenions à treize heures, nous verrions les journalistes avec l'excuse de reprendre le tournage à quatorze heures, ce qui les empêcherait d'essayer de nous extorquer une anecdote croustillante.

La réaction de Jim : « Je m'en bats les flancs, de cette conférence de presse. » Après le départ de Marty, il m'a demandé : « Tu veux déjeuner ? »

On ne savait pas trop où aller. Le temps disponible et la distance n'entraient pas en ligne de compte ; un chauffeur pouvait nous emmener n'importe où dans Los Angeles et nous avoir raccompagnés pour treize heures.

« Pourquoi pas le Musso & Franck ? ai-je suggéré. Un gros crabe et une bière.

— J'aime pas le crabe à L.A. » a répondu Jim. Il s'est redressé et a commencé à tambouriner légèrement contre le bord de la table basse, pas à la façon d'une personne normale, mais comme un musicien, avec *paradiddles* et *rimshots*, les ongles claquant contre un verre vide, etc. « J'aime le crabe de Floride, a-t-il expliqué. Et à Chesapeake Bay, bon sang, ils ont ces petits salopards à carapace molle qui te fondent dans la bouche, tu pourrais en manger une centaine avec du pain grillé et du beurre, alors que préparés sur la côte ouest, ils ont un goût de merde.

— Tu dois parler du *king crab*, comment ils appellent ça ? Le crabe des neiges d'Alaska. Je reconnais qu'il n'a aucun goût, mais celui de San Francisco est vraiment pas dégueu. »

Il m'a envoyé paître en précisant que de toute manière, le crabe de L.A. était congelé.

« Tu pourrais prendre des lasagnes, ai-je proposé.

— Nan, chuis prêt pour des crustacés de la côte est.

— Ouais, ben on va pas prendre un avion juste pour aller déjeuner à New York. Et le Studio Grill ? »

Jim ne voulait pas aller au Studio Grill. Sans raison particulière.

« Ou sinon on peut aller en face. Manger du *ramaki,* un verre de bière, ça me paraît super, à moi…

— Tu veux dire de l'autre côté de la rue par rapport à ici ?

— Non, en face du Studio Grill, au Formosa Cafe.

— On pourrait traverser la rue et se taper un gros steak avec des patates.

— Tu m'endors, là. Il y a aussi l'endroit qui propose des produits super sains, je me souviens pas du nom…

— Ou au Taco Bell…

— El Coyote…

— Polo Lounge…

— Chez Jay's…

— Schwab… »

De toute évidence, aucun de nous n'avait vraiment faim, mais il faudrait bien déjeuner à un moment donné. Ce que j'ai expliqué à Jim pendant qu'il tapotait un crayon contre le côté d'un verre vide, un rythme merveilleux mais agaçant. Le téléphone a sonné. Il n'était censé sonner que si Los Angeles sombrait dans l'océan. Ça m'a toujours retourné l'estomac et j'ai plongé sur mon énorme fauteuil archi-rembourré pour attraper le combiné en disant : « Bordel, si seulement on pouvait se casser d'ici…

— Ne réponds pas, nous ne sommes même pas ici », a déclaré Jim, mais j'avais déjà dit allô.

*

J'ai finalement déjeuné d'un sandwich détrempé à l'avocat et au crabe qui sentait le poisson, avec de la laitue déchiquetée, de la mayo industrielle et des tranches de tomates fatiguées, le tout fourré dans du très mauvais pain français qui m'a éraflé le palais et m'a noué les boyaux pendant une heure. Il y avait aussi du champagne trop clair qu'ils avaient dû récupérer dans la tombe de Toutankhamon.

Le « lunch » a eu lieu à l'autre bout du studio, dans le bureau de Terrance Segebarth, l'un des types les plus foncièrement répugnants et scandaleux dans la longue liste hollywoodienne des gens méprisables, et l'enjeu de la réunion était d'essayer de nous convaincre Jim et moi de participer au grand Téléthon annuel de Segebarth, ce que, bien sûr, nous avons refusé. Segebarth portait un col roulé afin de dissimuler son cou de tortue, des lunettes de soleil pour dissimuler ses petits yeux rouges et des touffes d'implants capillaires sur tout le crâne qui lui donnaient de plus en plus l'air d'une créature assemblée en Transylvanie.

Vous pensez sans doute que je n'aime pas cet homme.

Vous avez mis en plein dans le mille.

Les murs de son bureau étaient couverts de photos encadrées – Roosevelt, Truman, Dewey, Eisenhower, Kennedy, Humphrey, Nixon, bref, vous voyez le genre – tous ces présidents et ces gens atteints de maladie qui vivent d'espoir serrant la main de Segebarth ou lui souriant pendant qu'il rayonne devant l'objectif, les sénateurs, les juges, les dirigeants du monde entier, les rois et les héritières, tous arborant ce large sourire épanoui et narquois pour témoigner qu'ils étaient du côté de Dieu, de la Charité et de Terrance Segebarth.

Il n'y avait pas de photos d'adolescentes. Comme c'est étrange.

Naturellement, Segebarth n'était pas dépourvu de munitions. Cela faisait un bail que nous refusions de participer à son Téléthon et nous savions que le simple fait de mettre au point une réunion avec nous revenait pour lui à obtenir un début de quelque chose. Une fois, il nous a adressé une véritable proposition en forme de chantage, parce qu'apparemment, il y avait cette *jeune fille* et sa *mère*, que Segebarth connaissait très bien et qui avaient une histoire intéressante à raconter sur Jim. Il a fallu environ une heure à ce vieux croulant pour nous cracher son offre et en venir à *la femme* et son *enfant*, et quand il a eu tout bien vomi, Jim a ri et a rétorqué : « Ah, mais elles sont connues ! Une fois elles ont baisé dix-neuf flics en une nuit, les deux. Tu les veux pour ta soirée ? Je dois avoir leur numéro quelque part… »

Ça n'a pas marché.

Cette année, Segebarth s'était débrouillé pour faire venir la femme de Jim et la nommer, surexcitée et gazouillante, au comité pour le sauvetage de l'univers, ou quel que soit le nom que le vieux con ait donné à son organisation, et elle allait servir de levier pour nous obliger à cracher cinquante mille dollars de divertissement gratuit. Mme Larson était à la réunion, avec son col en fourrure de renard et son cul parfait, encore parfait après toutes ces années, une femme, soit dit en passant, capable de vous arracher des grognements.

Quand Jim et moi sommes entrés dans le bureau de Segebarth on l'a vue assise entre Karl et Sonny Baer, tous les trois alignés sur le canapé. Karl a bondi, le regard hyper angoissé parce qu'il devait se douter que la situation était délicate ; Jim qui ne divorçait pas de sa femme, par loyauté ou entêtement mal placé, qui n'allait jamais la voir et ne se plaignait jamais qu'elle se serve de son nom dans tout ce qu'elle entreprenait comme s'ils étaient pratiquement inséparables ; et bien sûr, Sonny était là pour moi, elle allait faire le Téléthon *avec nous*, a dit Karl, les yeux brillants pendant qu'il nous serrait la main. J'adore la façon dont ils s'y prennent. Ils entament la réunion comme si tout était réglé et parfait ; nous acceptions, *évidemment*, de participer cette année parce que ça allait être une *fête de famille*, toutes les personnalités du show-biz seraient là, tout le monde aimait Larson & Ogilvie, et (ceci n'était jamais dit, mais lourdement sous-entendu) on ne voudrait pas que les gens nous croient *radins*, non ?

« Même Jack Benny a fait mon Téléthon, hé hé », a argumenté le vieux salaud.

Il me fallait mettre les choses officiellement au clair et sur-le-champ : « Ça ne fait pas partie de notre contrat. »

Karl a souri : « Je comptais sur vous les gars, surtout cette année. » En d'autres termes, faites-le pour ce pauvre Max, Dieu ait son âme.

« Je ne comprends pas, ai-je rétorqué. Que veux-tu dire ? » À cet instant, la vieille secrétaire obèse de Segebarth est entrée avec le plateau de sandwichs et les deux bouteilles de champagne pré-ptoléméen, et Segebarth a « gardé la main sur la situation » en balançant une série de blagues maison toutes plus dégueulasses et hilarantes les unes que les autres (le salopard). C'est quand il est drôle que je le hais le plus.

Jim avait la bouche pleine de crabe moisi : « Qu'est-ce qui te fait croire qu'on va se plier au jeu cette année ? » Il ne regardait pas sa femme.

Mais c'est elle qui a répondu : « Je leur ai dit que tu étais disponible. J'espère que je n'ai pas mal fait.

— Qu'est-ce qui se passe dans le cas contraire ? Ils te virent du comité si je ne me pointe pas ? »

Segebarth a ri : « Ce n'est pas si simple, mais on espère que cette année… après tout, c'est pour *les gamins*…

— On n'a pas d'enfants. Du coup, c'est un peu impersonnel. »

Karl m'a lancé un regard blessé. « J'aimerais savoir quelque chose : pourquoi est-ce que vous refusez de participer à ce genre de trucs ? Vous n'êtes pas méchants, vous n'êtes pas radins, vous avez du temps à revendre, et il me semble que le public américain s'est montré assez généreux avec vous…

— Pourquoi tu ne le fais pas, toi, Karl ? ai-je demandé.

— Ouais, a renchéri Jim. Ma bourgeoise et toi vous pourriez chanter en duo.»

Le visage de Segebarth s'est assombri. L'orage menaçait. Si la flatterie et le chantage ne marchent pas, essayons le bon vieux paternalisme :

« Les garçons, ce problème commence à me fatiguer. Vous n'êtes pas les seuls dans le business à refuser de coopérer, mais vous êtes parmi les plus coriaces, et je crois que c'est une satanée honte que vous ne fassiez pas la moindre petite place dans votre cœur à *ces gamins*.

— C'est le pire sandwich que j'aie jamais mangé », a dit Jim. Il m'a regardé : « On aurait dû aller chez Musso quand c'était encore possible.

— Bon, les garçons, est intervenu Karl.

— Écoute Karl, ai-je dit en y ajoutant une inflexion un peu échauffée, nous autres, les garçons, sommes en plein tournage d'un film pour toi, et on en a par-dessus la tête d'être harcelés par de vieux cons puants !

— J'entends cette remarque », a dit Segebarth en gloussant. Impossible d'insulter ce type.

« Tu n'es pas aussi fort que tu le crois, m'a dit Karl froidement.

— On fait quoi, là ? C'est *Règlements de comptes à OK Corral* ? Devant ces dames ? Peut-être qu'on va aller voir ailleurs où on ne nous demande pas de bosser gratuitement !

— Vous vous êtes serré la main », a dit Karl en essayant d'avoir l'air indigné.

Pendant tout ce temps, Sonny était restée assise en silence, mains sur les genoux. Cela devait être amusant de reluquer cette bande de richards dégénérés, dont deux maquillés, gesticulant et vociférant alors que la conclusion était à prévoir. J'étais moi-même sous le charme mais je désirais surtout me casser de là et m'affaler dans ma caravane, pieds en l'air avec, pourquoi pas, une bouteille de bière pour calmer mes intestins en feu. Mais non. S'il y avait bien une chose que je détestais, c'était me comporter en connard impérieux.

*

Nous étions donc là, tous les cinq, devant Producer XII, clignant des yeux dans la lumière du soleil. Autant que je sache, Jim n'avait pas échangé un seul mot avec sa femme, et personne n'avait rien dit à Sonny. La grosse limousine Mercedes bleu métallique de Karl était là, moteur ronronnant doucement, le chauffeur, un type sympa du nom de Jimmy, appuyé contre l'aile les bras croisés. Nous avions passé un bon bout de temps dans le bureau de Segebarth, et je me sentais fatigué, sur les nerfs.

Nous ne participerions pas à cette émission caritative. Terrance Segebarth allait encore nous snober et nous haïr pendant six mois.

Karl a lancé un coup d'œil à Jimmy qui s'est redressé et a ouvert la portière arrière.

« Je vous raccompagne au Plateau Cinq ? a demandé Karl.

— Non, ai-je répondu. Je vais traverser le studio à pied.

— Moi aussi, a dit Jim.

— Tu ne veux pas t'assurer que je rentre bien à la maison ? a demandé la femme de Jim à son mari.

— Oh, Jimmy vous reconduira, a lancé Karl.

— Qu'il la raccompagne tout de suite », a dit Jim. Il s'est dirigé vers Jimmy, lui a serré la main et murmuré quelque chose à l'oreille. Jimmy a éclaté de rire et empoché l'argent que Jim lui avait glissé.

« Monte », a dit Jim à sa femme. À Karl : « Allez, viens te balader avec nous. »

Karl a regardé sa montre d'un geste sans équivoque, obligé d'appuyer une ou deux fois dessus pour que les chiffres apparaissent, et de se protéger du soleil pour pouvoir lire l'heure.

« Merde, quoi ! me suis-je exclamé. Tu as peur de traverser ton propre studio ? »

Jim a fermé la portière arrière de la limousine avant de tapoter l'aile comme si c'était un cheval et la Mercedes s'est éloignée. Plusieurs personnes à pied ou à vélo ont contemplé le célèbre véhicule et tenté d'apercevoir qui il transportait.

C'était une promenade sympathique par une journée ensoleillée mais d'une fraîcheur agréable, avec autour de nous toutes sortes de personnes vaquant à leurs occupations. Il s'agissait de la partie neuve du studio, comprenant des hectares de parkings et des immeubles de bureaux d'un ou deux étages pareils à des baraquements militaires, certains entourés de pelouse, où s'installaient de petits groupes de secrétaires, d'assistants, de monteurs et je ne sais qui encore, donnant à la scène des airs de campus. Mais pas tout à fait. Il y avait aussi un espace réservé aux voitures anciennes, toutes marques confondues, des Pierce-Arrow aux Rolls-Royce de 1922, des Ford *three-windows* de 1936, des taxis Chevrolet de 1937, bref, toutes sortes de vieilles bagnoles.

J'avais passé un bon nombre d'après-midi désœuvrés à les regarder, à savourer leur odeur.

Puis nous sommes passés par les cavernes ombreuses entre les énormes et vieux hangars marron des plateaux d'enregistrement, devant les Mercedes et les Jaguar des producteurs, réalisateurs et acteurs garées là, chaque emplacement de parking portant un nom connu, et alors qu'on se dirigeait vers le Plateau Cinq, on a vu un employé en pantalon et chemise gris arracher une pancarte portant le nom de quelqu'un, et la transporter sous son bras en jetant un regard méprisant par-dessus son épaule vers la petite 280 SEL verte qui avait le pli de l'aile rouillé.

« *Sic transit gloria mundi*, ai-je déclaré.

— C'est là qu'elle se garait, Gloria ? a plaisanté Jim, mais personne n'a ri.

— Le pauvre gars reviendra de son déjeuner plein de gin et de projets, remontera dans son bureau et à la place de sa secrétaire, il trouvera une grosse enveloppe rose posée sur sa table de travail », ai-je dit.

Karl accélérait le pas et il nous a quasiment fallu trotter pour le suivre.

« Karl l'a sans doute viré avant le déjeuner », a remarqué Jim.

Notre trajet nous a conduits devant le restaurant du studio au moment où une grappe de personnes en sortaient, et deux producteurs en gilet avec des pommes à la place des joues ont eu l'air surpris d'apercevoir Karl, lui ont fait un signe de la main et se sont avancés vers nous. Karl a répondu au signe et souri, mais n'était absolument pas disposé à entamer la conversation. Nous avons doublé le petit groupe, toutes dents dehors et main levée, mais sans nous arrêter et nous avons vu leurs sourires de lèche-culs se transformer en lèvres pincées par l'amertume.

Nous sommes arrivés au Plateau Cinq, l'énorme porte ouverte, une partie de l'équipe postée devant, paressant au soleil ou jouant au frisbee. Nous sommes apparus au coin du bâtiment comme des porte-étendards. Ils ont plissé des yeux en nous voyant mais n'ont pas bougé.

En général, quand les membres de l'équipe traînent dehors, cela veut dire qu'ils ne veulent pas être associés à ce qui se passe à l'intérieur, une star piquant sa crise ou une engueulade magistrale, mais nous ne nous doutions de rien, du moins pas moi, et quand Karl a dit : « Allez-y les gars, entrez, je veux parler à Sonny une minute », on a poursuivi notre route. L'équipe étant là, j'ai embrassé Sonny et dit :

« Ne le laisse pas poser ses pattes sur toi. »

Elle m'a souri tristement, je me suis retourné et j'ai passé la porte en trébuchant sur je ne sais quoi. Jim avait rejoint sa caravane entre-temps, installée près de la porte. J'ai traversé l'espace ouvert à l'arrière du plateau vers ma propre caravane et sous les projecteurs qui n'éclairaient personne, j'ai entendu, provenant de l'obscurité près de la caméra : « Ouais, ben va te faire foutre et que ton boulot aussi aille se faire foutre ! »

C'était la voix de Baby Cakes, suraiguë sous l'effet de la colère. Dieu merci, nous en avions presque terminé avec le tournage.

*

Il m'a fallu deux minutes pour m'habituer à l'obscurité, et puis j'ai vu deux groupes de gens. À proximité du décor se trouvait une poignée de reporters et de journalistes, l'air affreusement teigneux, et bon sang, je vous le dis, n'offensez jamais ces journaleux de Hollywood parce que tout ce qu'ils cherchent c'est un détail nauséabond autour duquel ils pourront broder pour en faire une anecdote capable de ruiner votre carrière ; rien qu'à les voir là et à me souvenir que Marty avait organisé une conférence de presse, ça m'a énervé – déjà que les deux heures passées à lutter contre ce vieux requin édenté à l'autre bout du studio m'avaient mis d'une humeur massacrante. L'autre groupe comprenait deux types, Baby Cakes et Marty.

Personne ne m'ayant remarqué, je suis resté tapi dans l'ombre aussi longtemps que possible. Les deux gars qui accompagnaient Baby Cakes étaient manifestement la cause du problème. Deux Noirs, moins pékins moyens que du genre à avoir le mot LOSER tatoué sur le visage à la naissance, lunettes de soleil, chapeaux informes enfoncés bas, costumes sales et chaussures sorties d'une benne à ordures je ne sais où, et vu leur attitude, leur façon de marmonner, leurs mains dans des poches gonflées, ils étaient manifestement ivres, la puanteur de la bibine m'arrivant quasiment aux narines. L'un d'eux a ri devant l'expression figée de Marty et a dévoilé un affreux râtelier. Marty s'est reculé, sans même s'en rendre compte, je parie, et Baby Cakes a dit : « On va attendre dans la caravane de Jim, bordel. » À quoi Marty a répondu avec raideur : « Le plateau est fermé jusqu'au départ de la presse et je ne veux pas te voir dans les parages.

— Jim m'attend et ça va sacrément barder quand il saura que tu m'as viré », a dit Baby Cakes.

Bien évidemment, la presse se régalait, bien qu'un peu exaspérée d'avoir été retenue pendant une heure. De toute évidence, ça lui a arraché la bouche, mais Marty a dit à Baby Cakes qu'il n'était pas viré, mais que c'était lui qui avait démissionné (ce que personne n'a cru) et par ailleurs, voudrait-il avoir l'obligeance de quitter le plateau avec le reste de l'équipe…

BABY CAKES : Je ne suis pas *l'équipe*, connard…
UN DES TYPES : Hé, vieux…

Selon un timing parfait, Karl Meador et Sonny sont apparus, immédiatement assaillis par ce beau bordel. Cela a réveillé les journalistes qui ont rompu leur formation et se sont dirigés vers Karl. Karl sait y faire avec les journalistes, et même s'il les déteste, il s'est mêlé à eux, a échangé des poignées de main, s'est fait présenter par l'attaché de presse du studio et je suis sorti de l'ombre pour m'approcher du groupe de Marty.

« Qu'est-ce qui se passe ? » ai-je interrogé Marty. Baby Cakes a reculé en voyant ma tête.

« On va attendre dans la caravane de Jim », a-t-il dit. Les yeux de Marty se sont vitrifiés. « Tu vas en chier ! a-t-il commenté froidement. Dégage du décor avant que je te fasse foutre dehors !

— Répète ça devant Jim ! » s'est exclamé Baby Cakes. Ses deux comparses se sont regardés et se sont éloignés en titubant. Sur quoi Marty s'est aperçu que tous les journalistes, plus son patron, Karl, et la très belle femme qu'était Sonny le regardaient. Il s'est tourné vers moi :

« Toi, vire-les du plateau !

— Personne ne me vire d'un plateau, a fait Baby Cakes. Je veux présenter ces gars à Jim. » Il m'a dévisagé avec une haine terrible mêlée de peur. « Et Jim aussi veut les rencontrer !

— Va te faire foutre », ai-je répliqué et je me suis détourné. Marty et moi nous sommes dirigés vers les journalistes qui s'agitaient autour de Karl et de Sonny, et le gars de la presse a dit d'une voix faussement joyeuse : « Le voilà, Mesdames et Messieurs, David OGILVIE ! »

J'ai levé les bras comme un champion : « Ravi d'être ici, mais j'ai besoin d'un moment à moi et vous pourriez mettre à profit ce temps en interrogeant Mademoiselle Sonny Baer. J'espère que vous excuserez mon retard, mais comme vous le savez nous sommes sur la fin du tournage et tout se bouscule un peu… »

J'ai entendu une journaliste dire d'une toute petite voix improbable : « Oh, il parle tellement *rapidement* ! » Quand je suis dans mon personnage, mon élocution est plutôt traînante.

Ce brave Karl a pris le relais et a présenté Sonny en citant la brochure promotionnelle, ce qui m'a permis de m'éclipser pour rejoindre la caravane de Jim. Baby Cakes et les deux types étaient devant. Baby Cakes avait l'air contrarié et a presque tressailli quand je lui ai souri.

« Où est Jim ?

— Pas ici, a dit Baby Cakes. Il veut nous voir. »

J'ai fait le tour et tapé au carreau des toilettes, en vain. Je suis revenu devant et j'ai ouvert la porte qui n'était pas verrouillée. Pas de Jim.

J'ai fait signe à Baby Cakes et aux deux gars d'entrer et de s'asseoir.

« Mettez-vous à l'aise », ai-je dit. Je me suis présenté et on a échangé des poignées de main. « Quelqu'un veut boire quelque chose ? Si tu te comportais gentiment, Baby Cakes ? »

Au bout d'un quart d'heure, on était copains. Il s'est avéré que les types avaient quelque chose à vendre à Jim, tout droit déchargée du bateau, non coupée, d'excellente qualité, pour seulement cent vingt-cinq dollars le gramme, et après un bon verre de whisky qui réchauffe, j'ai payé l'équivalent de deux grammes, les doses dans du papier magazine, j'ai distribué quelques claques dans le dos des uns et des autres, lancé un clin d'œil à Baby Cakes et les ai escortés à la porte située à l'autre bout du plateau par rapport à celle où stationnait l'équipe. Revenu à la caravane de Jim, j'ai balancé la merde dans la cuvette des toilettes et j'ai tiré la chasse.

Je suis retourné à la conférence de presse et pendant une demi-heure, j'ai répondu à des questions idiotes, des questions piège ou qui étaient le fruit d'une ignorance crasse, après quoi Ron est sorti en souriant de son petit bureau accompagné de Luigi, son premier assistant, et Leon, le responsable de la production. Luigi, puisque c'était son boulot, a évacué les journalistes.

« Où t'étais quand j'avais besoin de toi ? ai-je dit à Luigi.

— Hein ? »

On a attendu Jim deux heures mais il n'a pas reparu. C'est là que Marty a traversé la rue pour aller chercher un gin bucket et que j'ai commencé à avoir peur de ne jamais revoir mon partenaire.

*

« Je crois que je suis en train de devenir fou », m'avait-il dit au ranch, et en fait, il avait dû venir uniquement pour me dire ça, mais les événements se sont enchaînés et on n'est jamais revenus sur la question. Peut-être qu'on aurait dû y revenir, j'y repense à cet instant, assis dans ma loge en attendant que les murs explosent. Bordel, cette année il disparaît, une autre année il a chopé une espèce de virus de dingue et son visage a gonflé, viré au rouge et il a eu quarante de fièvre une heure avant notre première au Golconda. Galba avait fait venir son médecin préféré – je n'étais pas sur place de crainte qu'il soit contagieux – mais Jim m'a dit plus tard que Galba serinait au médecin : « Sauvez-le, doc ! », comme dans un mauvais film, quand le braqueur de banque blessé chiale comme un veau au sujet de Mary Ann et que la pluie cogne aux vitres. Le doc lui a fait une piqûre et c'était terminé.

Une autre fois, c'était moi. En plein tournage, je suis devenu tout froid à l'intérieur et je ne pouvais plus rien faire. J'avais déjà été déprimé avant, mais là ça ressemblait plus à du désespoir. Rien ne me paraissait important. C'est vrai, franchement, qu'on fasse un autre film ou pas, qui ça intéresse ? Qui va voir ces trucs ? Que fait-on à l'esprit des gens ? Je restais au lit dans mon motel et le désespoir était comme un poids sur ma poitrine qui m'empêchait de respirer ; depuis combien de temps étais-je en vie et qu'est-ce que tout ça voulait dire ? Je n'avais ni femme ni enfants, mes parents étaient morts depuis belle lurette, j'aimais ma famille mais je ne supportais pas leur compagnie, qu'avais-je concrètement apporté à l'existence ? Qu'avais-je fait de ma vie sinon encaisser mes gros chèques, amasser l'argent et baiser sans pitié tous ceux qui m'approchaient ?

J'étais le seul et unique responsable de ce coup de cafard monumental, donc pendant un ou deux jours, je les ai laissés m'habiller en fermier (dans ce film j'étais fermier et Jim un vieil ami de l'armée qui vivait dans une grande ville), me conduire sur le plateau, et tout le monde a été très gentil avec moi, surtout Jim, dont la gentillesse s'est exprimée en ce qu'il m'a foutu une paix royale. Ça s'agitait au sujet de l'éclairage, pour que tout soit en place, puis Luigi hurlait pour avoir le silence, Ron lançait la caméra, l'ingé son chuchotait : « Ça tourne », le caméraman actionnait le clap, Ron murmurait :

« Action » et il ne tenait plus qu'à moi de prononcer mes cinq mots de dialogue, d'avoir l'air drôle ou je ne sais quoi d'autre, sauf que je n'y arrivais pas.

Cinquante salariés attendaient que je glousse comme un imbécile, et je n'y arrivais pas. J'étais tout froid au milieu et je ne me rendais même pas compte que c'était à mon tour de lancer la réplique, et Ron disait doucement : « On laisse tourner », et puis à moi : « Ça va, Ogle ? », j'acquiesçais, disais : « Désolé » et Jim et moi reprenions position sur nos marques. « Action », Jim me regardait, plein d'espoir, et je redevenais tout froid à l'intérieur.

Plus tard dans ma chambre de motel, j'étais étendu et me demandais si ce n'était pas le début de la fin, pas en tant que comédien, mais en tant qu'humain. Dorénavant, je ne serais plus qu'un humanoïde. Pourquoi se nourrir ? Les humanoïdes n'en ont pas besoin. Les humanoïdes ne boivent pas, ne se droguent pas, ne baisent pas les gens ni ne leur hurlent dessus. Ils se déplacent, c'est tout, jusqu'à ce que quelqu'un les débranche.

Ça a duré trois jours et toute la hiérarchie jusqu'à Hollywood a crisé. On a contacté des médecins, des psychiatres, des faiseurs de miracles holistiques, Karl a passé des appels *personnellement*, mais je restais allongé dans cette chambre et j'exsudais mon vide intérieur.

Le quatrième matin, je me suis senti mieux. Il a fallu que j'aille boire du café dans la salle de restaurant du motel pour m'en apercevoir. Tous ceux qui m'entouraient faisaient tellement d'efforts pour ne pas me regarder que j'ai éclaté de rire et la serveuse a cru que j'étais cinglé.

J'aurais peut-être dû écouter Jim.

La nuit de sa disparition, je me suis traîné jusqu'à l'hôtel à pied, préférant marcher les sept ou huit kilomètres qui m'en séparaient tellement j'en avais marre d'être assis à l'arrière d'une limousine du studio à écouter le routier syndiqué qui tenait le volant me balancer l'histoire de sa vie dont je me contrecarrais. Sans compter que la balade me prendrait une heure et demie et donnerait à Jim le temps de dé-disparaître, de se pointer à mon appartement pour rire et sniffer ma précieuse réserve.

Ça ne s'est pas passé comme ça, évidemment. Mon appartement était désert et silencieux. Dehors, la nuit tombait. J'ai enlevé mes chaussures, retiré mes chaussettes et laissé mes pieds se prélasser dans l'air du soir. J'étais sur la terrasse côté ville et me demandais pour la millième fois pourquoi j'acceptais encore de m'angoisser pour ces foutaises. Jim arriverait, ou pas. J'ai remué les doigts de pieds dans l'air frais, ce dont ils m'ont remercié après cette chaude et longue marche. Dix petits orteils. Salut, les orteils. Une réplique de Lenny Bruce : « Ça fait drôlement de bien de sortir de la boîte ! » Je suis resté assis là une minute, dans le silence, rejouant le numéro de Lenny à un public d'initiés de dix personnes.

J'ai porté le regard en direction des toits sur la gauche : c'était là que Lenny avait fait ses débuts, entre deux numéros de strip-tease dans un night-club minable, adressant ses blagues à l'orchestre parce qu'au premier rang c'était un peu « Ringard-ville ». Pendant une minute, j'ai pensé me passer ses disques, juste histoire d'entendre les gars de l'orchestre se bidonner à écouter son humour décapant. Oh, putain, une autre fois. En tout cas, il a été un dieu pour moi, un dieu louche et dopé. J'ai tourné la tête vers la droite ; en bas de la rue, c'est là que Lenny est mort. Je ne voudrais pas mourir comme ça, en travers des chiottes, porte ouverte, à poil par terre, une aiguille plantée dans le bras. Nom de Dieu, sûr que je ne voudrais pas mourir comme ça. J'ai fondu en larmes.

« Lenny, sale enculé », ai-je gueulé en direction de l'horizon rouge et morne, mais c'était sur mon propre sort que je pleurais.

*

Dans la cuisine, j'ai ouvert le frigo. La moitié d'un avocat sous Cellophane, trois petits morceaux de différents fromages, eux aussi sous Cellophane – je n'ai jamais été capable de jeter la nourriture saine, sauf bien sûr quand j'étais ivre et qu'il s'agissait de la jeter délibérément – mais chez moi, le moindre reste ou morceau de nourriture doit être conservé jusqu'à ce qu'il soit gris et périmé ou bien mangé, même si c'est à trois heures du matin, debout devant le frigo porte ouverte, lumière projetée sur ma nudité au milieu de l'appartement plongé dans l'obscurité, mâchonnant un bout de fromage dans l'espoir d'arriver à me rendormir malgré ce qui m'avait réveillé, cris d'ivresse dans l'allée en contrebas, sirènes sur Sunset, ciel déchiré par une terrible explosion et Dieu se penchant sur L.A. pour l'écraser sous Sa paume… Il ne fallait pas grand-chose pour m'extirper du sommeil, à Hollywood, alors qu'à Sonoma Mountain je me couchais et me levais avec le soleil, et dormais dix ou douze heures d'un sommeil doux et ininterrompu.

Il y avait aussi la barquette intacte contenant deux T-bone steaks, une livre de viande hachée, un paquet de saucisses de Francfort que ma famille appelle les steaks en tube : « Il faut bien que quelqu'un mange les oreilles et le groin ! répétait mon cousin Harold joyeusement. Tout est bon, dans le cochon ! »

Oui eh bien, là, il n'y avait que du bœuf.

Il y avait un demi-bocal de concombres au vinaigre, deux briques de lait, trois canettes de Miller High Life, et, dans le freezer, deux bacs à glaçons et une demi-livre de cette glace à la vanille Dreyer's à se damner.

J'aurais pu appeler la réception et me faire livrer mon dîner par Greenblatt, Schwab ou d'autres, par Chasen, du moment que je payais, mais à la place, j'ai composé le numéro de chambre de Sonny. Elle a tout de suite décroché. La journée avait été dure pour elle aussi.

« Tu aurais des pommes de terre ou de la salade ? J'ai des steaks.

— J'allais me coucher. Je viens de prendre un bain.

— Tu as dîné ?

— J'ai grignoté des biscuits en rentrant. Je pensais lire.

— Qu'est-ce que tu lis ?

— *Shogun.*

— Tu n'entends pas ces steaks rissoler dans la poêle ?

— Tu commences à me convaincre. »

J'ai eu le temps de prendre une bonne douche chaude avant que Sonny arrive avec une salade et une baguette. La télé était allumée, c'était le journal présenté par Connie Chang, et je buvais de la bière en la regardant.

« Quelles nouvelles ? » a demandé Sonny en allant à la cuisine. Elle portait un jean et un sweat-shirt rose décoloré, pas de chaussures, ses cheveux sous un foulard.

« Aucune idée », ai-je répondu. Ma ligne privée a sonné et le temps d'une seconde, j'ai cru que ce serait Jim et que le désagréable sentiment de catastrophe allait se dissiper. Mais c'était Johnny Brokaw, un ami comédien. Johnny vivait sur la plage quand il n'était pas en résidence à Vegas ou en tournée, mais ces jours-ci, il était en ville et n'avait rien à faire. Je lui ai proposé de venir dîner et lui ai dit de passer s'acheter de la viande. « Nous, on va se faire cuire des steaks », ai-je précisé. Johnny a protesté, pensant que je voudrais sans doute être seul, mais je lui ai ri au nez et j'ai ajouté : « Ramène ta pomme. » Johnny était un homme très drôle, drôle de nature, beau comme un dieu même si personne ne pense vraiment à lui en ces termes dans le travail ; toujours super chic et dopé, c'est un bon copain. Sonny n'avait jamais entendu parler de lui.

« Bon sang, ai-je dit.

— Tu lui as demandé d'apporter du vin ? » Je ne l'avais pas fait, bien sûr, de sorte que j'ai dû enfiler mes *huaraches* et descendre la colline dans un bruit de flip flop jusqu'au Liquor Locker où j'ai pris deux bouteilles de riesling, Wente Bros., et un mélange de noix apéritives ; je suis remonté vers l'hôtel non sans difficulté. Sonny avait changé de chaîne et regardait le *Dinah Shore Show*. Je me suis installé à côté d'elle après m'être pris une bière. C'était confortable. Sonny et moi avons passé pas mal de mornes soirées de semaine à regarder la télévision ou même à coucher ensemble. Karl était trop occupé pour la voir, même s'il prétendait qu'il l'aimait et qu'elle était la femme de sa vie. Elle savait comment fonctionnait Karl, à présent, et bizarrement, en tant qu'amis, nous avons passé de sacrés bons moments au lit.

On a frappé à la porte. « C'est Johnny. » Je me suis levé pour aller ouvrir, mais ce n'était pas Johnny, c'était un autre ami acteur du nom de Mike Leary, tout sourires, appuyé contre le mur.

« Bonjour ! a-t-il lancé. Ou est-ce qu'il faut plutôt dire au revoir ?

— C'est bonjour et vas-y, entre. » On ne s'était pas vus depuis un an, juste avant qu'il ne parte pour Hawaï. Mike était trop doué pour nos films, même s'il avait fait des apparitions dans une ou deux de nos productions quelques années plus tôt.

« Tu as dîné ? ai-je demandé.

— À vrai dire, non. » Je lui ai présenté Sonny, ils ont ri et expliqué qu'ils s'étaient déjà rencontrés au « club » il y a longtemps, et qu'ils avaient même passé des castings ensemble.

« Qu'est-ce que c'est "le club" ? ai-je voulu savoir.

— Attends, tu es en train de me dire que tu n'es jamais passé par le "club" ? » a fait Sonny. Mike et elle ont échangé un sourire.

« C'est sans doute le seul comédien du pays à n'avoir jamais mis les pieds "au club" », s'est étonné Mike et là, j'ai su de quoi il parlait. Le chômage.

« J'ai pointé au chomdu plus longtemps que t'as été à l'écran, ai-je répondu sans originalité.

— Raconte-nous ça, papa », a dit Mike en lançant un sourire à Sonny qui a tapoté le siège à côté d'elle. Mike s'est assis.

Quand j'étais rentré, je ne voulais qu'une chose : être seul.

À présent, j'étais d'humeur festive.

« Hé ! ai-je lancé à Mike alors que nous faisions tourner un joint. On pourrait appeler Phil et Oona pour qu'ils passent au supermarché Hughes, c'est ouvert toute la nuit. Oona choisira ce qui lui plaira, je la rembourserai. Tu pourrais aussi appeler Debbie et lui demander de venir avec son cousin. On dînera tous ensemble ! »

Sonny m'a regardé bizarrement.

« On s'amuse ! On s'amuse, on s'amuse ! ai-je hurlé.

— Oona cuisine très bien, a remarqué Mike. Je vais les appeler. »

Sonny a soupiré et est allée à la cuisine.

*

Vers vingt et une heures, l'appartement était rempli de gens qui traînaient dans le salon à boire l'alcool que d'autres avaient apporté, regardaient la télévision ou discutaient, allaient et venaient à la cuisine où Oona Naglio supervisait la préparation du repas, passaient sur la terrasse où Mike avait pris en charge le barbecue ainsi qu'une bouteille de Wild Turkey. C'était un bon groupe, tous liés au monde du show-business d'une façon ou d'une autre. Ils ne se connaissaient pas entre eux, mais ce n'était pas un inconvénient. Johnny Brokaw est arrivé le premier avec un sac de provisions dont un cubi de vin rouge et deux steaks supplémentaires, et au bras, l'une de ces superbes *line dancers* de Vegas tout en jambes qu'il aimait tellement même si elles le dépassaient toutes de quelques centimètres et juste après lui sont arrivés les Naglio, Phil et Oona, un couple de scénaristes vivant à Nichols Canyon ; ils avaient les bras chargés de sacs après leur crochet par Hughes, et Oona avait aussi apporté un grand saladier, pour le plat principal, un mélange de riz et de fruits de mer, et ils avaient contacté Debbie (directrice de casting) qui, à ce moment-là, préparait à dîner pour sa cousine, sa jolie cousine dont je n'ai jamais su le nom, secrétaire à la Fox, et le copain de sa cousine, Ford Hamilton, un fils de bonne famille devenu comédien, originaire de New York et débarqué ici pour faire un film de la Fox, un jeune homme que *Rolling Stone* avait surnommé « le David Ogilvie branché ». Ford Hamilton et moi nous sommes plus ou moins évités durant toute la première partie de la soirée et nos regards ne se sont pas croisés. J'étais aux toilettes quand Debbie, sa cousine Machin-chose et Hamilton sont arrivés.

D'autres encore ont fait leur apparition, des gens qui m'avaient appelé pour une raison ou une autre : Marty, notre producteur, qui de toute évidence était venu me parler affaires et s'est retrouvé au milieu d'une fête improvisée entre amis, s'est assis bien droit dans un coin avec un verre de Perrier et a discuté avec Sonny pendant au moins dix minutes avant de s'éclipser. Et d'autres encore.

J'étais immodérément heureux. J'aimais tous ces gens, y compris ceux que je ne connaissais pas, et je n'avais pas la pression de devoir jouer les hôtes. Pas de civils, pas de trous-du-cul, pas de flics. On avait tous dépendu des largesses de Hollywood et on était encore là pour en témoigner. Pendant un moment, j'ai traîné autour du barbecue où j'ai écouté Mike et Phil parler d'une partie de chasse qu'ils voulaient organiser à l'automne dans l'est de l'État de Washington d'où Phil était originaire, et sur le gril, les steaks, les hamburgers et les hot dogs cuisaient, les gens venaient se servir, la baguette que Sonny avait découpée, frottée à l'ail et grillée, a disparu en un clin d'œil, la salade a été avalée en quelques minutes et tout le monde attendait que le merveilleux plat mystère aux parfums d'iode émerge de la cuisine où, aux côtés d'Oona et de la copine de Johnny qui décortiquaient des crevettes et récoltaient la chair d'un crabe, Debbie et Sonny découpaient des bananes, des ananas, des fraises, des noix et des dattes pour le dessert, en accompagnement des deux gros pots de glace à la noix que quelqu'un avait apportés et mis dans le congélateur. Et plus.

Il va sans dire qu'une certaine dose de marijuana a été fumée afin d'aiguiser au maximum l'appétit des uns et des autres, et de grandes quantités de bière et de vin ont empêché les gosiers de s'assécher.

Quand l'heure est enfin venue de s'asseoir pour le riz aux fruits de mer, on s'est tous réunis dans le salon, le plat a été posé sur la table basse nettoyée au préalable et Debbie nous a servis. Mike a branché la télé sur Z Channel et on a regardé un film diffusé pour la première fois sur petit écran, la troupe lançant des piques du genre : « Oh, est-ce qu'elle n'est pas trop mignonne ! », ou « Bon sang, vise-moi un peu la moumoute de Larry ! » Nous étions tous du sérail, naturellement, et donc bien informés. « Aah ! Le plus grand dealer de tout Hollywood ! », « Regarde ces seins ! Tu crois que quelqu'un tombe encore dans le panneau ? » Pas un plateau, pas une ligne de dialogue, pas un effet de maquillage sans que l'un de nous ne hurle une moquerie. « Oh oh, l'ombre du micro ! L'ombre du micro ! », « Attends, je vois ses *cicatrices* ! Mais qui a éclairé cette merde ? » « Et nouveau plan suuuur… », « J'étais sur les rangs, mais c'était du dix pour cent, donc laisse tomber. » « S'il te plaît, tu veux bien me passer les tomates… ? »

On a terminé de dîner. Les discussions sont retombées et le film, ni bon ni mauvais, s'est poursuivi. Sonny et Debbie ont fait du café pour tout le monde, posant la cafetière Chemex sur la table basse avec toutes mes tasses et mes verres. Quelqu'un a roté bruyamment, ce qui a fait glousser de plaisir deux des convives.

Allez, c'est l'heure, me suis-je dit en me dirigeant vers la chambre et je suis revenu avec ce qui me restait de blanche, le miroir, la lame de rasoir, la paille en argent de chez Tiffany's et je me suis dirigé vers Ford Hamilton qui était allongé, hébété, entre la copine de Johnny et la cousine de Debbie. Je lui ai tendu le miroir et la petite fiole. Dans la pièce, on a poussé un soupir d'envie en voyant la coke. Une petite dose après un gros repas, c'est l'ultime détail civilisé, non ?

« Alors comme ça, tu es le David Ogilvie branché ? ai-je dit en le regardant droit dans les yeux pour la première fois. Pourquoi tu ne nous ferais pas quelques lignes ? »

Ford a levé les yeux et m'a lorgné comme un maître du genre. Je me suis écroulé de rire, non pas pour me moquer mais parce qu'il était hilarant à regarder. Ce fils de pute était vraiment doué. Il a souri timidement, et Johnny Brokaw s'est ramené en nous offrant son imitation impeccable de John Wayne : « Mes p'tits gars, j'vous conseillerais bien d'aller vous envoyer en l'air, parce que croyez-moi, va y avoir du sang sur la selle ! »

C'était un peu ridicule, mais nous étions dans le bon état d'esprit et nous avons ri, frappé la table, nous sommes donné des claques sur les genoux et personne n'a tenté de le snober. Tous les invités sont partis vers minuit à l'exception de Sonny. Tandis qu'elle retirait ses épingles à cheveux dans la salle de bains, j'ai appelé le bungalow de Jim au studio; au cas où. Vingt sonneries, pas de réponse. J'ai raccroché. Le froid dans mes entrailles, le froid de Vegas m'a saisi à peu près à ce moment-là et je suis entré dans la chambre rejoindre Sonny, plein d'appréhension.

*

Vegas. Alors, Vegas. Mmm, Vegas. « Paye Perdue, Nevada ». Je n'ai jamais été à Las Vegas, pas vraiment, et je n'ai aucune envie d'y aller. Je n'ai jamais descendu Fremont Street à pied pour m'arrêter prendre un cheeseburger quelque part et mettre la monnaie restante dans une machine à sous. Je n'ai jamais lu un journal de Las Vegas, je n'ai jamais pénétré dans un lieu de culte pour m'y marier ou divorcer sous les néons.

Pour moi, Las Vegas est une série de limousines, de garages insondables en béton, d'ascenseurs privés, d'interminables canyons moquettés dans des centres commerciaux éclairés pour qu'à dix heures du matin les gens en tenue de soirée n'aient pas l'air déplacés, et équipés d'un air conditionné qui vous fait transpirer et frissonner en même temps. Depuis toutes ces années que je fréquente ce lieu, je n'ai jamais quitté l'enceinte du Golconda, sauf à l'arrière d'une voiture et jamais pour aller ailleurs qu'à l'aéroport ou dans la suite élégante de quelqu'un, en traversant un autre garage souterrain plein de tuyaux et en empruntant un autre ascenseur privé.

Un bain de soleil ? J'ai ma propre terrasse où j'ai passé beaucoup de temps à me faire cuire à point. La nuit, j'ai mon propre sauna, quarante minutes à rôtir et je suis prêt pour la terrasse et les étoiles cristallines. Le tennis ? Je peux utiliser le court privé de Galba quand je veux, les barrières anticycloniques qui l'entourent drapées de tentures vertes pour empêcher les dindons de s'y agglutiner.

Les dindons. Le mot a trouvé son origine parmi les serveurs et serveuses, les barmen, les dealers et les types de la sécurité chargés d'égayer les hordes de dindons, de s'assurer qu'ils sont logés, nourris et plumés avec un minimum de violence. Mieux vaut ne pas penser au niveau de mépris et d'épuisement atteint pour donner naissance à ce mot. Bien sûr, Galba ainsi que les patrons des autres hôtels et casinos voulaient que les pros du divertissement grassement payés se mêlent aux dindons, si possible dans les allées des casinos où un nombre surprenant d'artistes laissaient leur cachet, et dans un ou deux cas, essayaient en vain chaque année de regagner l'argent perdu l'année précédente ou depuis des lustres, et toujours follement, spectaculairement, et avec panache devant un parterre de dindons.

Des dames et des messieurs appartenant à la confession du divertissement prennent la route tous les ans afin d'essayer de regagner ce qu'ils ont balancé par les fenêtres, et ce qui m'embête, c'est que Galba tente de me faire croire que Jim est l'un d'eux, un débauché et un joueur maladif.

Je n'ai jamais mis les pieds dans ces casinos, ne me suis jamais mêlé. Jim et moi nous sommes disputés à ce sujet une fois, et il m'a traité d'« authentique petit chieur » sans aucune méchanceté.

La dernière fois que j'ai interrogé Jim sur l'état de ses finances, c'était bien avant l'époque où on a fait la connerie de prendre un business manager qui nous invitait dans son bureau pour nous flouer avec enthousiasme. En ce temps-là, Jim et moi avions un tas d'idées concernant différents investissements financiers et parlions sans arrêt de notre « film », mais après l'effondrement généralisé, impossible de trouver du travail et nous avons dû nous retirer de certaines de ces affaires juteuses, sauf que nous avons découvert que se retirer *n'était tout bonnement pas possible* sans *tout bousiller*, après quoi nous avons pris nos décisions chacun de notre côté, comme les gars du *Trésor de la Sierra Madre* qui enterrent leur or dans des cachettes séparées parce qu'ils ne peuvent pas se faire confiance.

Bref, je n'étais au courant de rien. Jim se mêlait aux autres quand il en avait envie, était toujours entouré, il aimait ça. Jim aimait sincèrement travailler dans le show-business, même si ça le rendait dingue. Si seulement j'avais été pareil.

Nous avons donc terminé le film sans Jim, il nous restait quatre jours de tournage, mais avec un peu de réécriture, des gros plans sur moi et du doublage, nous étions couverts. Le tout se déroulant dans une atmosphère de calme feint parce qu'entre autres choses, on ne voulait pas que je prenne d'assaut la salle de montage pour voir comment je pouvais recoller les morceaux. Mais ça ne risquait pas. Je ne voulais plus en entendre parler.

Quant à notre spectacle, nous avions répété quasiment tous les jours durant le tournage, et la seule difficulté pour l'hôtel et pour Gerry qui gérait la salle était que Jim n'était pas là pour travailler avec l'orchestre, régler les points de détail. Mais bon sang, ai-je fait remarquer, Jim connaissait déjà tous les musiciens, qu'est-ce qu'ils voulaient de plus ?

Ils voulaient qu'il soit *là*, voilà ce qu'ils voulaient.

Gerry, en polo vert camouflage et pantalon jaune citron, m'a fait venir un après-midi à l'heure du thé, à trois jours de la première, et alors que Jim ne s'était toujours pas présenté :

« Penses-tu que peut-être, et j'emploie le mot “peut-être” parce que je n'en ai pas de meilleur, que peut-être ton *ami* ne viendra pas du tout ? »

Gerry a été le seul à suggérer une telle éventualité, et il ne l'a fait qu'une fois. De mon côté, bien sûr, j'ai ri avec légèreté et j'ai dit : « Eh bien si c'est le cas, je pourrais peut-être me lancer en solo. » Le rire de Gerry m'a rappelé deux morceaux de bois frottés l'un contre l'autre.

Pour tout un chacun, Jim n'était pas encore arrivé, avait raté une semaine de répétitions dont il avait à peine besoin, et cela n'avait aucun lien avec son absence sur la fin du tournage.

Galba a été merveilleux. Tandis que nous remontions le passage souterrain vers l'entrée privée de son court de tennis privé, il a dit : « J'organise une grosse soirée pour vous deux demain soir, alors n'oublie pas d'appeler Jim pour le prévenir.

— J'ignore où il se trouve.

— Mais si, tu sais, et tu peux lui faire passer le mot, non ?

— Je ne peux pas. »

Dans un couinement, il a ouvert brusquement la grosse porte anti-incendie et l'éclat brûlant de la lumière nous a fait cligner des yeux.

« Peut-être que tu l'as énervé, a suggéré Galba alors qu'on s'avançait dehors. Peut-être qu'il te punit d'être tellement chiant sur tout.

— Moi, chiant ? Tu vas me le payer : je ne te laisserai pas marquer un point. »

Galba a retiré sa chemise et levé les bras en l'air. « Bon Dieu que c'est agréable ! » s'est-il écrié avant de rire. Il m'a souri. « Tu savais que je mesure quarante-cinq centimètres de plus que mon père ? »

Cela ne m'a pas empêché de le battre en trois sets réguliers : 6-2, 6-4, 6-2. Il avait le visage rouge, l'air féroce et furieux en sortant du court, et tout le long du couloir jusqu'à l'ascenseur, il m'a devancé de dix pas, tête baissée, sa raquette heurtant sa jambe. Galba déteste perdre.

*

J'ai reçu des appels téléphoniques le soir de la fête de Galba. Lui n'a jamais appelé, bien sûr, parce que la conversation aurait pu se dérouler comme suit :

« Quand est-ce que tu viens à la fête ? J'ai des gens à te présenter.

— Je suis terriblement désolé, Gregory, mais il semblerait que j'aie un début de *mal de gorge*…

— Tu veux que je t'envoie le docteur Glickman ?

— Non, je crois que le mieux serait de me mettre au lit…

— Cette soirée est en ton honneur…

— Oh, je t'en prie… » À vrai dire, elle était organisée pour sa petite amie, Jody McKeegan, qui terminait son spectacle ce soir-là.

« Il faut que tu comprennes que je prends ça très au sérieux… » Blablabla. Il pouvait difficilement me dire que je ne retravaillerais plus jamais et même s'il osait, je lui rétorquerais : « C'est génial ! Ne jamais retravailler ? J'adore ! »

En vérité, je me suis vraiment couché tôt, après un dîner tranquille dans ma suite et une demi-bouteille de vin pour m'aider à m'endormir. Pas de chance, alors que le vin faisait effet et que je somnolais confortablement devant la télévision, le téléphone a sonné.

C'était Jody qui me suppliait de venir de sa voix grave.

Elle a même dit que Jim serait là.

« Tu lui as parlé ?

— Quelqu'un lui a parlé et a dit qu'il arrivait.

— Dans ce cas, je monte tout de suite. Mais en fait non.

— Espèce de salaud, il faut qu'on parle…

— Parfois, les meilleures fêtes sont celles auxquelles on n'assiste pas…

— Est-ce que je dois descendre ?

— Je suis avec quelqu'un », ai-je dit tout bas. Le quelqu'un était moi, bien sûr.

« On se revoit dans un an, dans ce cas », a-t-elle conclu. Je lui ai demandé si elle ne viendrait pas à notre première, n'éprouvant qu'un pincement de frayeur à l'idée qu'il n'y aurait même pas de première, mais elle m'a expliqué qu'elle partait travailler en Angleterre, ses bagages étaient prêts et le départ prévu pour le lendemain. On s'est dit au revoir, souhaité bonne continuation et j'ai tiré les couvertures sur ma tête.

Mais le sommeil s'était envolé et je suis resté seul avec ce sentiment austère de vigilance et de conscience aiguë, le frottement des draps, le bruissement de l'air conditionné, la télé éteinte qui cliquetait en refroidissant. Le problème quand on dort dans une pièce avec de l'air conditionné est qu'on ne peut pas y échapper, on peut remonter ou repousser les draps, la sensation est pareille et le côté chaud de l'oreiller ne se rafraîchit jamais vraiment.

Mike a appelé de L.A. et j'étais content de parler à une personne saine d'esprit. Il s'est excusé de ne pas venir à Vegas pour la première, alors que jusque-là, il n'était jamais venu, et nous avons discuté de son prochain contrat qui l'enverrait passer neuf mois à Bora-Bora. Je lui ai dit de bien récolter tous les champignons qui lui pousseraient dessus durant les longues nuits tropicales parce qu'aux États-Unis, ils avaient des vertus thérapeutiques. « Ou peut-être que tu pourrais les faire sécher, les rouler et les fumer », ai-je dit. On s'est tranquillement dit au revoir et je me suis recouché, souriant dans le noir parce que j'aimais bien Mike, et je me suis dit que ça serait peut-être marrant de me pointer à Bora-Bora en plein milieu de l'hiver et de les emmener lui et ses collègues bossant sur le film passer une soirée de ripailles et d'ivresse avant de reprendre l'avion. Je savais que je ne le ferais jamais, mais durant la vingtaine de minutes qui m'ont semblé deux heures, ça m'a amusé d'y penser.

Terrasse. L'air soufflait par bourrasques brûlantes dehors. De retour dans mon lit, nu, sur les couvertures. J'aurais pu boire encore un peu plus, mais je savais d'expérience que boire tard dans la nuit pour s'endormir pouvait facilement produire l'effet inverse de celui escompté et que je pouvais me réveiller avec une cuite carabinée à huit heures du matin. Les comprimés, il y avait beaucoup de comprimés, Galba s'en était assuré, peut-être grâce à l'omniprésent docteur Glickman, peut-être grâce à une foule de connexions, ou bien, et ce n'était pas impossible, peut-être que Galba possédait deux laboratoires pharmaceutiques internationaux. Même si Galba n'avait jamais vraiment possédé quoi que ce soit, il avait toujours quelque *intérêt*…

J'ai remonté lentement le drap sur moi sans la couverture et j'étais bien, à l'aise, somnolant juste comme il fallait. J'ai commencé à sombrer de plus en plus profondément, mais au moment de basculer dans l'inconscience j'ai senti un doigt me remuer les intestins, juste un petit sondage, mais je savais ce que cela pouvait signifier, et je me suis aussitôt réveillé, redoutant le tâtonnement suivant, sachant qu'il viendrait, et puis mon esprit a dérivé vers d'autres choses tandis que je m'assoupissais de nouveau, mais non, le vortex aqueux dévalant et fouillant mes entrailles revenait, le niveleur, celui qui met tout le monde à égalité, le grand point commun qui lie toute l'humanité :

Il fallait que j'aille chier.

Ça recommençait, la danse macabre du péristaltisme, et l'autoapitoiement autant que la misère gastrique m'ont fait gémir, je me suis extrait du lit et je me suis dirigé vers les toilettes, mon trône. Le téléphone a de nouveau sonné. C'était le sous-fifre de Galba, un homme du nom de Phil Dickman qui voulait savoir si j'étais en contact « avec Baby Cakes ».

« Non, putain ! » ai-je grondé et j'ai raccroché juste à temps pour arriver aux toilettes.

Je me suis assis dans le noir pour m'empêcher de voir toutes les saloperies dont Galba avait décoré la salle de bains, et j'ai décidé au moins pour la dixième fois de les balancer. Puis j'ai pensé aux grizzlys qui expulsent leur merde au premier signe d'un combat et à cet ami qui, au détour d'un chemin en Alaska, s'était retrouvé nez à nez avec un grizzly qui, avant de prendre la fuite, avait arrosé mon pote d'une giclée de merde aux myrtilles. Il avait eu beaucoup de chance. Sonny, qui était à la fête, m'a appelé pour savoir si je venais, je lui ai répondu que non, j'ai raccroché, me suis senti coupable pendant un moment, mais finalement, j'ai contacté la réception pour qu'ils coupent ma ligne jusqu'au lendemain. Je me suis assis calmement en attendant la crise suivante. Le prochain spasme, le martyre de la prochaine contraction. J'ai pensé à l'ancien Shah d'Iran assis sur ses toilettes en or massif qui avait dû ressentir la même chose que moi, et j'ai pensé à ces soldats dans les romans de guerre que j'avais dévorés avec une avidité tout enfantine, éprouvant ces mêmes terreurs, celles des périls de la jungle, des ulcères, l'atrocité des bombardements. Le frémissement des viscères.

Puis, le front pris d'une sueur froide et la nuque humide, je suis retourné au lit pour attendre la suite. Au bout d'à peine quelques minutes, j'ai appelé en bas et leur ai cette fois demandé de rebrancher mon téléphone. Je m'empêchais de préciser : « Je n'accepte que Jim Larson » au nom d'une espèce de fierté mal placée puisque tous les occupants de l'hôtel savaient déjà ce qui se passait, alors à qui voulais-je faire croire le contraire ? Dans la foulée, le téléphone a sonné, j'ai parlé à un vieil ami pas vu depuis des années et qui se trouvait être en ville… J'ai été poli, content de l'entendre, content d'apprendre qu'il était marié, d'entendre parler de ses deux enfants, de son oncle et de sa belle-sœur, et donc content de lui dire que des tickets pour notre spectacle l'attendraient au guichet, mais j'ai encore dû rappeler la réception pour gérer ce dernier problème et tandis que j'épelais les noms à Gracie, la fille des réservations, la seconde vague a déferlé sur ma plage intérieure et je me suis plié en deux dans un couinement, j'ai raccroché aussi vite que possible et sans défense, humilié, j'ai titubé jusqu'à l'endroit où mon seul putain d'ami au monde m'attendait, recroquevillé.

*

J'ai regardé le réveil électronique sur la commode devant moi, avec ses gros chiffres qui brillaient. Une minute meurt en silence, une autre naît. J'ai appuyé sur le bouton au sommet du boîtier et j'ai regardé les secondes se transformer en minutes. Je les ai contemplées un moment, le bout du doigt blanchi sur le bouton. Une fois de plus, je me suis juré que si jamais cette folie prenait fin, je quitterais définitivement le show-biz, je ferais croire à un accident, une épave en feu, identification impossible, et j'irais vivre dans la montagne avec mon papy. Et puis je me suis souvenu qu'il était mort. J'ai enlevé mon doigt et l'horloge m'a dévisagé sans cligner.

Histoire de rire, j'ai plongé l'horloge dans mon gros pot de crème de beauté, *chlaa !* Je ne peux plus voir l'heure, mais elle continue de tourner, je l'entends cliqueter discrètement à l'intérieur. J'ai tiré sur le fil, assez fort je crois, parce que l'horloge a volé à travers la pièce et heurté le mur dans un craquement humide et le pot de crème est tombé de la commode, m'a heurté le pied et a roulé sous la table. J'ai crié une fois, puis deux, et les portes se sont ouvertes.

Ironie, une fois de plus. Ce n'est pas Jim le chanteur, Jim le faire-valoir, Jim la vedette, c'est Jim l'écrivain, son expression soigneusement composée, son ton modéré. Il me regarde assis près de la coiffeuse, le visage rouge, les aisselles anthracite, de petites traces et des traînées de crème sur mon pantalon noir au pli parfait.

« Oh, dit-il, je croyais avoir entendu crier par ici... »
Je me contente de le regarder.

Au bout d'un moment, il me lance un sourire rassurant et referme la porte.

Je devrais me lever et sortir, aller m'excuser, lancer une petite blague, revenir attendre ici. Au lieu de quoi je change de pantalon et de chemise. La chemise n'est pas tachée de crème, mais sous les bras, elle est aussi trempée que si j'avais joué au handball. « Wow, quelle puanteur ! » ai-je pensé. La nouvelle chemise est douce et rassurante contre ma peau, le nouveau pantalon avec un pli encore plus au cordeau, et cela m'apaise tandis que je me regarde dans le miroir de plain-pied. Je lève les bras comme un danseur espagnol et tape un peu des pieds.

Je chuchote : « *Hola !* »

Si Jim n'est pas là dans cinq, non, dans *dix* minutes, j'enverrai quelqu'un faire des excuses au public. Peut-être Ford Hamilton, il est dans la salle, perché avec les dindons, et je souris en bon salaud que je suis parce que s'il y a un public au monde que Ford Hamilton ne peut pas toucher c'est bien celui-là, à attendre ses deux fleurs bleues préférées.

Autant que je sache, Jim est dans sa loge. Pourquoi ne m'a-t-il pas appelé ? Il ne le ferait pas. Mais quelqu'un lui dirait de le faire et il répondrait : « Je ne veux pas parler à David, il est trop taré, il a le trac, je ne veux pas m'approcher de lui » et puis quelqu'un pourrait rétorquer : « Mais il faut le prévenir que tu es là, non ? » et Jim sourirait : « Qu'il aille se faire foutre, il me fait confiance ou il ne me fait pas confiance », et la rêverie se dissipe parce que je sais que ça n'arriverait pas.

Je compose le numéro de la suite de Jim. La ligne est occupée. C'est au bout du couloir, je peux me lever, rejoindre mon cercle d'amis puis le couloir et voir qui est au téléphone avec Jim. Mais non, j'en suis incapable. S'il est bien là, je le détesterai pour le restant de mes jours et s'il n'y est pas, je ne sais pas ce que je ferai à part hurler et frapper les murs.

S'il veut que je reste dans le show-biz, ce n'est pas la façon de s'y prendre, me dis-je.

Mais s'il me hait, commence à se dire mon esprit, s'il me hait, me hait depuis des années, qu'il ravale sa haine parce qu'il a lui-même trop peur de travailler en solo, d'être seul, de ne pas y arriver, alors la cruauté de cette affreuse situation est tout ce que je mérite… La seule façon d'atteindre David Ogilvie est de passer par Jim Larson… pour les torts qu'il a causés, son mauvais caractère, mais NON, BON SANG, JIM N'EST PAS CE GENRE D'HOMME !!!

Et quelque chose cède d'un coup. Le poids s'est envolé, mon estomac s'est calmé. Je regarde mon bracelet de montre. L'heure est venue. J'enfile ma veste, jette un dernier regard vaniteux dans le miroir. J'ouvre la porte.

Tous les regards sont braqués sur moi.

Avant que j'aie la chance de dire un mot, la porte extérieure s'ouvre et Jim apparaît. Il me sourit : « J'ai tenté de t'appeler, vieux », lance-t-il et je le crois. Les gens derrière lui envahissent la pièce, dont Bianca et George diMorro, scintillants dans leurs habits de soirée, et le temps d'une seconde vertigineuse, j'aperçois Sonoma Mountain, l'agréable calme brumeux de l'hiver quand je suis dans la piscine d'eau chaude et que je contemple la vallée. Puis je dégringole dans les yeux gris froid de l'actrice qui nous avait snobés à la soirée des diMorro et je baisse le regard vers ses doigts fins aux ongles vernis effleurant la manche de Jim.

Je m'entends dire : « Bonjour tout le monde. Allez, pas la peine de stresser » ce qui les fait éclater de rire, mon vieil ami C.C. Eubank qui se glisse par la porte, charmant avec une boucle de cheveux devant les yeux ; Galba en smoking vert insecte, Karl Meador, détendu, radieux et beau, et d'ailleurs, où était-il ces derniers jours ? Il ne regarde pas Sonny qui s'est levée quand la foule a commencé à se déverser dans la pièce. Je m'approche d'elle et l'embrasse légèrement sur les lèvres mais sans la regarder dans les yeux, puis Jim m'attrape par le bras et dit : « Hé, c'est plus le moment, on y va » et m'entraîne à sa suite entre les gens, on passe la porte, remonte le couloir, le col ouvert de sa chemise froissée avec une petite tache rouge, comme si, pendant que je devenais fou, il était allé manger des spaghettis avec les huiles, mais non, attendez, ce n'est pas possible, ça ne fait pas deux semaines qu'il mange des spaghettis, si ? Ou alors il faisait un numéro de charme, bon sang… Ou bien on l'avait enterré dans le désert, un pieu dans le cœur en attendant le bon cycle lunaire…

Il m'a pris par le coude, et jamais je ne lui demanderai où il était ; on marche, on court dans le couloir jusqu'à l'ascenseur privé, et seuls les plus gros des gros bonnets sont autorisés à y monter avec nous, les diMorro, bien sûr, Karl, Galba, l'actrice aux yeux gris qui n'aimait pas mon odeur, mais qui refuse de lâcher Jim, et Chet. Jim se tourne vers moi au milieu d'eux tous et dit : « Quoi de neuf ? », à quoi je réponds : « Que dalle, mon vieux » et nous rions entre nous, humant l'odeur d'angoisse qui pour une fois n'est pas la nôtre, la porte s'ouvre, une centaine de visages maquillés nous passent devant à toute vitesse alors que désormais laissés l'un à l'autre nous atteignons la scène, le rideau est levé, on s'approche dans l'obscurité, et ils sont là. La dernière goutte de peur en moi s'évapore.

Un projecteur est braqué sur moi, je me tiens immobile. Celui de Jim le suit vers l'autre bout de la scène et l'orchestre se lance dans une impro.

Je souris, un sourire de bébé, son premier, et la salle s'écroule de rire.

C'est ça l'amour, mes amis, et au diable le reste.

MIXTE
Papier issu de sources responsables
FSC® C003309

10/18, une marque d'Univers Poche,
est un éditeur qui s'engage pour
la préservation de son environnement
et qui utilise du papier fabriqué à partir
de bois provenant de forêts gérées
de manière responsable.

Imprimé en France par CPI

N° d'impression : 3011864
Dépôt légal : septembre 2015
X06526/01